企業戦略と競争戦略

吉村 孝司 編著

学文社

執筆者紹介（執筆順，現職・執筆担当・主要著書）

吉村 孝司（よしむら こうじ）　明治大学専門職大学院会計専門職研究科教授　　第1・4・6・9章担当及び編者
『企業イノベーション・マネジメント』中央経済社，1995年
『マネジメント・ベーシックス』（編著）同文舘，2003年
『経営管理の新潮流』（共著）学文社，2004年

歌代 豊（うたしろ ゆたか）　明治大学経営学部教授　　第2・3・7章担当
「情報ネットワークと企業間コーディネーション〜　ECは企業間関係をどのように変えるか」『企業会計』Vol. 50, No. 3, pp. 42-48, 1998年3月
「アーキテクチャ創造企業の萌芽〜スタンダード競争からアーキテクチャ競争へ」『三菱総合研究所所報』No. 42, pp. 80-100, 2003年11月
「製品開発プロジェクトとPBSC」小原重信・浅田孝幸・鈴木研一編『プロジェクト・バランス・スコアカード』所収，生産性出版，2004年

松村 洋平（まつむら ようへい）　立正大学経営学部准教授　　第5・8・10・12章担当
『マネジメント・ベーシックス』（共著）同文舘，2003年
『演習経営学』（共著）新世社，2002年
『入門経営戦略』（共著）新世社，1999年

高橋 成夫（たかはし しげお）　新潟産業大学経済学部教授　　第11章担当
『経営・会計の現代的課題』（共著）白桃書房，1988年
『経営学原理』（共著）学文社，1996年
『マネジメント・ベーシックス』（共著）同文舘，2003年

はしがき

　現代企業の経営において，いわゆる戦略的思考が本格的に導入されたのは1960年代と，以外にもその歴史は浅い．しかし，経営戦略と戦術，手法をめぐる進展はいちじるしく，いまや戦略なくして経営はならず，といっても過言ではない状況を呈している．

　本書では，こうした経営戦略論の歴史を俯瞰する中で，第Ⅰ部では，経営戦略の概念，内容，経営戦略論の歴史と展望についてみてみる．第Ⅱ部では，企業にとっての環境の領域と経営戦略との関係，環境分析の方法についての検討をはかる．第Ⅲ部においては，現代企業にとってもっとも重要性を有するイノベーション（企業変革）と戦略についての検討を試みる．とりわけ，企業による創造的破壊と，プロダクト，プロセスをはじめとするイノベーションの実現，さらにはこうしたイノベーションを創出することを可能とする企業組織の創り方などについての考察は，経営戦略論における最先端的領域を形成している．第Ⅳ部では，具体的な企業の戦略的行動として代表される各種の企業間および事業間競争，その対峙的関係にある連携についての戦略的行動についてみてみる．第Ⅴ部では個別の企業が保有する各種の経営資源に関する戦略論である．新しい経営戦略論にあって最先端の研究領域である．かつては企業のコア・コンピタンス（中核的能力）に関する議論や，その経営の優秀性ゆえに畏敬の対象となるビジョナリー・カンパニーといった概念が一世を風靡したが，いまは経営資源の選択と集中，さらには保有する経営資源を有効に活用できる能力としてのケイパビリティがいまもっとも注目を寄せる課題とされている．第Ⅵ部では，構築された経営戦略の実行的側面について，経営組織と戦略，さらには戦略的経営に直面する組織文化について検討を行う．経営組織を構築する以上の困難な問題が，経営組織を実行する組織を設計することであり，それも経営戦略に基づく戦略的経営を確実に実行できる創造性を有した組織の設計，構築はきわめて重要かつ困難な課題である．またクリステンセン（Chrisitensen, C.

はしがき

M.) が指摘する「イノベーションのジレンマ」は優良経営を展開させてきた企業ゆえに新しいイノベーションに失敗するという，ショッキングなものであり，その原因のひとつに，企業に固着する既存の組織文化という弊害がある．新しいイノベーションのための新しい組織文化も必要とされてくるのである．

最近の企業経営をとりまく問題は，いままでとは大きく内容を異にしてきている．やむことのない企業不祥事や企業不正，健全な経営慣行や商慣行を無視した利益追求の腐敗した企業像など，高度に発展したシステムとしての現代企業とは大きくかけ離れた企業経営の実態の露見である．こうした時代であるからこそ，いま，企業および経営の本質的目的に則した経営への回帰が不可欠なのであり，その指針としての経営戦略の策定，構築，実行が求められているのである．

また経営という領域，とりわけ経営戦略の領域では，知識と同様に感性というものも重要な意味を有している．すなわち，理論一辺倒ではなく，現実の企業社会や企業行動に目を向けながら，いまそこで展開されているさまざまな現象を分析しながら，戦略的経営を指向するうえでの経営的感性，戦略的感性を醸成することがなによりも重要である．

本シリーズ全体を通して，また本書を通して，基本かつ最先端の知識を修得するとともに，同時に読者の目前で展開されている経営現象に照らして経営的センスを身につけることができることを期待してやまない．

2006年1月

編著者　吉村　孝司

目次

第Ⅰ部 経営戦略

第1章 経営戦略の概念 ……………………………………… 3
1. 経営戦略　3
2. 経営戦略論の系譜　6
3. 戦略ジャングル（錯綜する経営戦略論）　11

第2章 ミッション・バリューとドメイン ……………………… 18
1. 経営理念としてのミッションとバリュー　18
2. 良いミッション・バリューの特徴と役割　21
3. ドメイン　21
4. ドメインの定義　24

第3章 経営戦略の体系と内容 ……………………………… 31
1. 経営戦略の体系　31
2. 経営戦略の策定プロセス　35

第4章 経営戦略論の展望 …………………………………… 44
1. 経営戦略論の転換　44
2. 対境体としての企業への変貌と戦略　47

第Ⅱ部 経営戦略と環境

第5章 経営戦略と経営環境 ………………………………… 53
1. 企業の境界（経営環境）　53
2. SWOT分析　57
3. 創発戦略　60

目次

第Ⅲ部　イノベーション戦略

第6章　イノベーション戦略 …………………………………… 71
1. イノベーション　71
2. イノベーションと企業家精神　73
3. イノベーションと組織　75
4. イノベーションのジレンマ　80
5. イノベーションのマネジメント　82

第Ⅳ部　競争・連携戦略

第7章　競争戦略 ……………………………………………… 89
1. 外部環境分析　89
2. 内部資源分析　93
3. 戦略課題の抽出と選定　95
4. 価値連鎖分析によるコスト優位と差別化の方法　97
5. 競争戦略論の展開と課題　99

第8章　戦略型経営 …………………………………………… 103
1. 組織間関係戦略　103
2. 合併・買収，アウトソーシング，戦略提携　107
3. グローバル戦略型経営　113

第Ⅴ部　経営資源戦略

第9章　資源ベース戦略 ……………………………………… 119
1. コア・コンピタンス理論　119
2. リソース・ベースト・ビュー（RBV）理論　122
3. 組織ケイパビリティ　124
4. 知識創造企業　127

第10章　経営資源展開の戦略 …………………………………… 134
　1. 多角化戦略　　134
　2. プロダクト・ポートフォリオ・マネジメント　　139

第Ⅵ部　戦略実行

第11章　経営戦略と組織 ……………………………………… 151
　1. 戦略と組織の二分法　　151
　2. 相互浸透モデル　　152
　3. 戦略と組織の発展　　153
　4. 「7S モデル」　　164
　5. 戦略的組織変革モデル　　165
第12章　戦略遂行と組織文化 ………………………………… 171
　1. 組織文化とは　　171
　2. 環境─戦略─文化　　176
　3. コーポレート・アイデンティティ　　181

索引 ……………………………………………………………… 187

第Ⅰ部
経営戦略

第1章　経営戦略の概念
第2章　ミッション・バリューとドメイン
第3章　経営戦略の体系と内容
第4章　経営戦略論の展望

第Ⅰ部
経営戦略

- 第1章　経営戦略の概念
- 第2章　ミッション・バリューとドメイン
- 第3章　経営戦略の体系と内容
- 第4章　経営戦略論の展望

経営戦略
ストラテジー

- 第Ⅱ部　経営戦略と環境
- 第Ⅲ部　イノベーション戦略
- 第Ⅳ部　競争・連携戦略
- 第Ⅴ部　経営資源戦略
- 第Ⅵ部　戦略実行

第1章の要約

　経済主体としての企業が登場以降，それが有する目的のより効率的な実現のための方法としての経営戦略（Business Strategy）が生み出されたのは約半世紀ほど前のことである．
　その間，企業は経済的目的としての利益の追求をはかるとともに，そのための企業間競争への対処としての競争優位性の構築を目指した経営努力をはかってきた．また最近では"市民企業"としての社会的責任および社会的貢献の行使をいかに実現させるかという課題を有してきている．
　企業が経営戦略を手にすることが当該企業の発展を約束するものではなく，むしろ経営戦略を生み出す能力と，それを遂行していくことができる能力の双方が不可欠であり，ある意味においては，経営を展開させる感性（sense）が不可欠とされるのである．
　ここでは「経営戦略とはなにか」という基本的な問題から，経営戦略構築のプロセスなどの考察を通して，戦略的感性の涵養のためのヒントをさぐることとする．

第1章　経営戦略の概念

1. 経営戦略

(1) 経営戦略概念の登場

　経営学領域において，もっとも新しく，かつ最先端領域として位置づけられているもののひとつに「経営戦略論」がある．

　経営戦略論とはまさに経営戦略を研究対象とする学問領域であるが，はたして経営戦略（Business Strategy）とはいったい何を内容とするものであろうか．

　経営戦略が概念として体系化され，ひとつの研究領域とされはじめたのは，1960年代初頭からとされる．もちろん古代から「戦法」という意味での戦略という考え方は存在していたが，現代でいうところの企業経営という場における概念化は，1960年代に至ってからであるとみるのが妥当である．すなわち，経営戦略は元来，軍事学用語として用いられたものであるが，その後，企業経営ならびに企業間競争への応用が行われることによって体系化，概念化されたものである．

　経営戦略の概念に関しては，経営戦略研究者の数と同数の概念が存在しているといっても過言ではなく，まさに多種多様な状況を呈している．経営戦略研究者のミンツバーグ（Mintzberg, H.）によれば，こうした状況はまさに「戦略サファリ」であるとされている．

　しかし，実際にはこのような多様な概念にもそれぞれに共通する要因がみられ，それらはおおむねつぎの3つに整理される．

　① 企業の将来や今後のあり方に関する指針（＝構想）としての位置づけ
　② 企業をとりまく（経営）環境との関わり方を具体的に示すもの
　③ 企業に関わる人びとにとっての意思決定の拠りどころとなるもの

　ゆえに経営戦略とは，「企業がこれからの将来に向かって進むべき方向性を具体的に示すものであり，その過程における環境との関わり方を示すとともに，当該企業にかかわり人びとの意思決定の指針となるべきもの」ととらえること

ができる.

(2) 経営戦略の内容

経営戦略がその内容として含むべきものとしては，つぎのようなものがある．

① ドメインの定義

経営戦略を考える場合，まず重要とされるのが「ドメイン（domain）の定義」である．ドメインとは「事業領域」を意味しており，現時点での事業内容であるとともに，今後の事業展開の可能性をも決定づけるものである．ゆえにドメインの設定いかんによっては，当該企業の発展の可能性に大きく影響するともいえ，きわめて重要な点とされる．

② 経営資源展開のあり方

つぎに「経営資源展開のあり方」がある．企業がその経営を展開させるためには経営資源が不可欠であるが，その経営資源については，「いかに調達（蓄積）させるか」という側面と，「いかに配分させるか」という2つの側面からの検討が必要とされる．また，経営資源そのものに対する概念も，かつての人的資源，物的資源，財務的資源に加えて，情報的資源や社会的価値資源などがあらたに加わることによって一層の多様化が進んできていることや，経営資源の重要性に分析視点をおく「資源ベース戦略論」の登場以降においては，個々の企業が保有する独自の経営資源こそが，企業の競争優位の源泉であるとみなされるようになり，持続性の高い競争優位の構築のために経営資源がもつ意味はきわめて大きいといえる．

また，こうした競争優位の構築を，いかなる方法において行うかという点も経営戦略において示されるべき点である．すなわち，蓄積かつ配分された経営資源をもとに，いかなる方法によって競争優位を構築するかを具体的に示すことが経営戦略に求められる．

③ 事業構造環境の整備

そして最後の部分として，個々の企業が展開させる事業構造環境の整備があ

る．すなわち，企業とは必ずしも単体で事業経営を完結させているのではなく，むしろ多くの事業体との関係，連携をもって成立しているのである．具体的には資材調達，生産，物流，サービス等の各側面においてじつに多くの外部事業体との関係を維持している．また当該企業に関連している法的，政治的側面も見逃すことはできず，これらの諸側面との望ましい関係をいかに構築させるかは，当該企業の事業展開の動向を決定づける重要な問題とされ，それをいかに実現させるかについては，経営戦略の内容として含められるべき点とされる．

このように経営戦略とは，急速に変化をきたす経営環境の中にあって，個々の企業が自ら必要とされる経営資源を調達，配分し，内部環境の整備をはかる一方で，外部環境との関係の構築もはかりながら，将来志向的に事業展開の方向性を決定づけることを内容とするものであり，継続事業体としての企業にとってはきわめて重要なものととらえられるものである．

また経営戦略は当該企業の経営理念を色濃く反映している役割も同時に果たしている場合が多く，広く社会に存在し，貢献かつ社会的責任の行使を図っていく上において重要な機能を果たしている．いわゆる「ビジョナリー・カンパニー」として，社会に受け入れられる企業としての存在意義を明確化させる点において，経営戦略はきわめて重要な機能を担っているのである．こうしたステートメントとしての経営戦略は，ときに事業ドメインのようなかたちをもって示されることもあるが，内外の企業の中には強烈なまでに自社の存在意義を示すことを経営戦略に連動させて展開させている例も少なくない．

現代企業を取り巻く経営環境が，そこにおける価値観等の変化とともに急速に変化していく中で，今後ますます企業に対して求められる社会的存在意義や貢献，さらには責任が大きくなる中において，自社の事業展開方法を具体的に示す経営戦略は，企業にかかわる内外の者に対してきわめて大きな意味を有してくることだけは間違いのないことである．

2. 経営戦略論の系譜

　1960年代に登場した経営戦略論については，現代にいたる過程において，おおむねつぎのような経緯でより精緻化されてきたと説明できる．ここでは60年代以降の各時代を象徴する代表的かつ歴史的な経営戦略論を追うことによって，その概要を整理することとする．

(1) チャンドラーの経営戦略論

　経営組織研究においても著名なチャンドラー（Chandler, A. D. Jr.）は，代表的著書『経営戦略と組織』（*Strategy and Structure*, 1962）においてはじめて経営戦略を概念化したとされている．それによれば，経営戦略とは，「企業の基本的長期目標・目的の決定，とるべき行動方向の採択，これらの目標遂行に必要な資源の配分」を示すものとされている．チャンドラーがこうした考え方を経営戦略として反映させた背景には，当時のアメリカ企業が経営リスクの分散と企業活力の強化のために多角化を推進させていた状況があった．そして多角化した事業をいかに管理するかという新たな課題に直面した中で，そのことを目的とした新たな組織構造（いわゆる事業部制組織）が生み出されたが，その過程における事業ならびに製品ラインの多角化の決定が当時の戦略の中心的テーマであったのである．

(2) アンソフの経営戦略論

　経営戦略論の領域において，ひときわその存在感を有し，"経営戦略論の父"とも称されるのがアンソフ（Ansoff, H. I.）である．彼は1950年代半ばから60年代の初頭にかけての，いわゆるアメリカのビッグビジネス（大企業）が自らの成長を展開させていくうえにおいて必要とされた諸施策を経営戦略として体系づけたことで広く知られることとなった．

　アンソフはまず企業において行われている意思決定に着目し，大きく3つの

図表１−１　製品・市場ミックス概念

使命（ニーズ） ＼ 製品	現	新
現	市場浸透力	製品開発
新	市場開発	多角化

出所）Ansoff, H. I., 邦訳（1969：137）

意思決定，すなわち「業務的意思決定」「管理的意思決定」「戦略的意思決定」からなるものととらえるとともに，とくに「戦略的意思決定」こそが，その企業が環境と適応関係を構築することに関わるものであるゆえに，もっとも重要であるとした．そして環境との適応関係の構築を「製品ならびに市場との組み合わせ（製品・市場ミックス）」を主たる内容とするものであるということを提起した．

　彼がいう戦略の具体的な内容としては，① 製品・市場の領域，② 成長ベクトル（多角化，新製品開発，新市場開拓などによる企業の成長方向の具体的明示），③ 競争優位性（企業が競争上の優位性を構築するにあたって，どのような製品もしくは市場特性を確保するか），④ シナジー（synergy：製品や市場間における相乗効果の実現）がある．

　チャンドラーやアンソフに代表される60年代の経営戦略論は，経営戦略研究の先駆的位置づけとされるとともに，企業が自らを強化し，企業としてのポジションを確立するためにとるべき方途を示すものととらえることができる．そのひとつが事業の多角化であり，そのための事業部制組織の構築であったが，経営リスクの分散のための多角化がかえって企業マネジメントに新たな問題をもたらすこととなる．そしてその解決のためにつぎに現れてくるのが70年代の戦略である．

(3) コンサルティングファームの経営戦略論

　事業の多角化を推進させてきたアメリカをはじめとする大企業は，しだいに「いかに多角化するか」という問題から，「多角化した事業をいかにマネジメン

トするか」という点に，その問題意識を変化させてきた．しかし，自らの経営リスクの分散・低減を目指した多角化ではあったが，そのマネジメントについては，予想以上に困難をきわめる作業といわざるを得なかったのである．その理由は，個々の事業の現状と将来に関する見極めの難しさにあり，すなわち，「いま展開させている事業に果たして今後どれだけの成長を見込むことができるのか」ということと，「いまの業績のよさが果たしていつまで継続させることができるのか」ということの判断が実際には非常に困難なことであったのである．

こうした企業ニーズに応えるかたちで登場してきたのが，いわゆるコンサルティングファームとよばれる新しい事業者であり，その後，現在にいたるまでの間，経営コンサルタントとしてその役割を果たしてきた．その中でも先駆的存在としてのボストン・コンサルティング・グループ（BCG）は，多角化の結果に悩むアメリカの大企業の問題を解決させるべく，「プロダクト・ポートフォリオ・マネジメント（PPM）」という画期的な手法を開発した．

BCG は，まず事業（製品）には寿命（ライフサイクル）が存在しており，基本的には市場に登場したあと，成長期，成熟期を経て，衰退期にいたるとした．また同時に「マーケットシェア（市場占有率）」という当時としては新しい考え方を提起し，それらの考え方に基づいて，PPM という戦略手法を開発したのである（PPM については，第 10 章で解説）．

(4) ポーターの経営戦略論

80 年代の到来は，ある意味において経営戦略論の一大転換点であったともいえる．すなわち，今日，経営戦略論の代名詞ともいえる競争戦略論であるが，その出現をみたのが 80 年代であった．その中でもポーター（Porter, M. E.）の歴史的著書『競争の戦略』（Competitive Strategy, 1980）はビジネス界の"バイブル"ともよばれる大ベストセラーとなった．

ポーターの考え方の基盤は，彼の専攻研究領域である産業組織論にあり，平

均的収益性の高い領域(事業)に自らのポジションをとることの重要性を中心とするものである.彼はこれを「戦略的ポジション」または「戦略的ポジショニング」とよんだ.しかし,業界にはそれをつねに脅かす諸要件が存在しており,なかでも「競合」「サプライヤー」「顧客」「代替物」「新規参入」の5つの要因が市場における競争構造に大きく影響するとし,その脅威(影響)を回避する策こそが,企業が熾烈な競争に生き残るための効果的な戦略であり,とるべき(とれるべき)戦略は「コスト・リーダーシップ戦略」「差別化戦略」「集中戦略」の3つであるとしたのである.なお,これらの詳細については後章でふれることとする.

この時代の経営戦略論は,本格的に迎えた企業間競争の中での生き残りのための戦略であり,まさに競争のための戦略であったということができる.

図表1-2 5つの競争要因

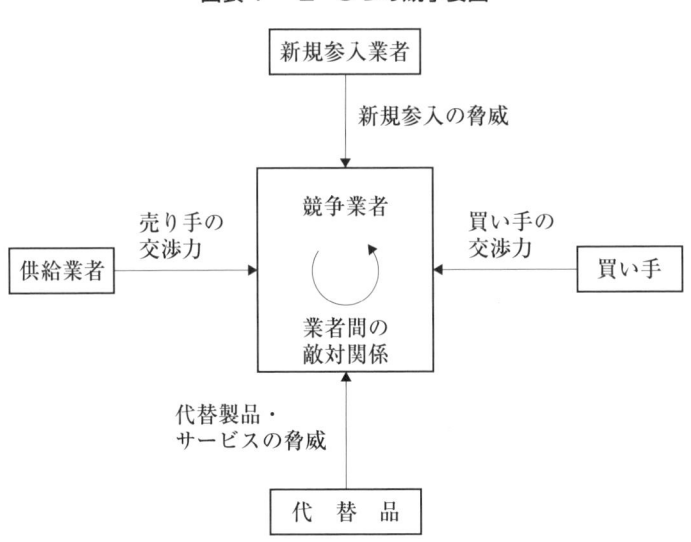

出所)Porter, M. E., 邦訳(1982:18)

図表1−3 3つの基本戦略

	戦略の有利性	
	顧客から特異性が認められる	低コスト地位
業界全体	差別化	コストのリーダーシップ
特定セグメント	集 中だけ	

戦略ターゲット

出所）Porter, M. E., 邦訳（1982：61）

(5) 資源ベースの経営戦略論

つぎに90年代から現在までの経営戦略論についてみてみる．

90年代の特徴的戦略論は，「資源ベース戦略論」とよばれるものであり，なかでも「リソース・ベースト・ビュー（RBV）」とよばれる一連の研究領域における第一人者バーニー（Barney, J. B.）の考え方は現在，アメリカの多くのビジネススクールにおいて用いられている考え方である．

彼らの主張は，ポーターの戦略論で示唆されている，企業による「競争優位性」の構築はあくまで"一時的な"競争優位性に過ぎないが，実際には"持続的な"競争優位性の構築こそが重要であり，その源泉こそが，個々の企業が保有する模倣困難な経営資源にほかならないとした点にある．

価値があり，模倣困難な経営資源に裏打ちされた競争優位性による経営の実現と，その実現のための経営戦略を求めるのが，いま最先端に位置している経営戦略研究である．この点についても，後章において詳しく述べることとする．

このように経営戦略に関する考え方やその内容については，時代の変化とと

もに進化を遂げてきているが，企業経営との関係におけるその本質的な意味はなんら変わるものではない．すなわち，経営戦略とは企業の本質的目的である継続的存在と成長をいかに実現するかということにほかならない．ときにそれは利潤の追求であったり，製品の開発であったり，イノベーションであったりするのである．

こうした分析ならびに研究の視点の相違が，多様な経営戦略理論の展開を招いているのであり，各時代の要請に応えるかたちで登場する経営戦略論の違いは，ある意味での"流派"の違いのようなものととらえることも賢明な作業とも思われる．ゆえにこれからの経営戦略論研究においては，当該理論の統合化をはかることも重要と思われるのである．

3. 戦略ジャングル（錯綜する経営戦略論）

1960年代に端を発する経営戦略論が，その後の経緯の中で，企業が直面する課題を反映させるかたちで変化してきたことはすでにふれた点であるが，もっとも新しい研究領域である経営戦略論ゆえに，じつに多様な見解が錯綜したかたちで存在していることも否めぬ事実である．

そうした中で，当該研究領域における第一人者であるミンツバーグは錯綜・混乱する経営戦略研究を「戦略サファリ」とよんで，戦略論の体系化の流れについての整理を行っている．

ミンツバーグ（1998）によれば，錯綜する経営戦略研究は，つぎの10の分析視点から構成されているとされる（Minzberg, et al., 邦訳，1999：5-6）．

① デザイン・スクール（design school）
　【コンセプト構想プロセスとしての戦略形成】

これは戦略形成におけるもっとも基本的な考え方とされるものであり，個々の企業にとっての強み・弱み・機会・脅威の分析（＝SWOT分析）を通じて，企業が有する内部能力と，環境がもたらす外部機会とを適合させることによって，企業の成長を果たすことを内容とする考え方をさす．また内部能力の中核

をなすコンピタンスに着目することにより，個々の企業にとっての独自性の高い競争優位性の構築を目的とする点において，のちの資源ベース戦略論につながるものと位置づけることができる．

② プランニング・スクール（planning school）

【形式的策定プロセスとしての戦略形成】

SWOT分析をとおして，時間軸と組織ヒエラルキーに沿った，目標・予算・プログラムに関する運用プログラムを内容とするもので，企画スタッフが主導権をもちながら，経営計画の策定をすることが中心となる．

③ ポジショニング・スクール（positioning school）

【分析プロセスとしての戦略形成】

経済市場における自社のポジションの確立を内容とするものであり，産業構造の分析を通じて戦略ポジションの明確化と，それによる組織設計を行う．

④ アントレプレナー・スクール（entrepreneurial school）

【ビジョン創造プロセスとしての戦略形成】

企業家の存在および機能と戦略形成との関連からの分析が中心．大胆さと洞察力に富むリーダーが抱くビジョンとしての経営戦略というテーマでの研究を内容とする．

⑤ コグニティブ・スクール（cognitive school）

【認知プロセスとしての戦略形成】

経営戦略とはあくまでも企業家の内面において創造されるとの視点から，企業化の心理的側面の分析を通じて，戦略形成のプロセスの解明をはかる．

⑥ ラーニング・スクール（learning school）

【創発的学習プロセスとしての戦略形成】

ひとつの経営戦略がさらに新たな経営戦略を生み出していくという，経営戦略の創発性に着目し，経営戦略が組織においてどのように生み出されていくかということを明らかにすることを内容とする．

⑦　パワー・スクール（power school）
　　【交渉プロセスとしての戦略形成】
　経営戦略形成プロセスにおけるパワー（政治的権力などの影響要因）の重要性を説くものであり，市場における競争優位のポジションの獲得にあたっては，組織内部の利害関係や外部組織との利害関係を自らの力によって，いかに有利な方向に誘導するかということを内容とする．

⑧　カルチャー・スクール（culture school）
　　【集合的プロセスとしての戦略形成】
　個々の企業が保有する独自の文化と経営戦略との関係に関するもので，企業文化が経営戦略に対して安定性をもたらすことからも，その重要性を説くことを内容とする．とくに1980年代における日本企業の戦略的経営の成功に端をする．

⑨　エンバイロメント・スクール（environmental school）
　　【環境への反応プロセスとしての戦略形成】
　組織はあくまでも環境に従属する受動的な存在であるとの前提から，戦略の選択は環境が一義的に決定するとするもの．

⑩　コンフィギュレーション・スクール（configuration school）
　　【変革プロセスとしての戦略形成】
　組織のおかれた状況の分析に基づいて，つぎなる経営戦略の策定を考えながら，企業における変革をいかにマネジメントするかという視点から経営戦略をとらえるもの．

　このようにミンツバーグによる分類は多岐多様にわたるが，経営戦略のあり方を問う理論展開の方向としては，「経営戦略とはなにか」にはじまり，「経営戦略と組織」「経営戦略と人的資源」との関係に関する考察を経て，「経営戦略による企業変革マネジメント」へと変化してきているといえ，今後は「イノベーションを軸とした戦略的経営の模索」が中心的な研究テーマとされていくものと思われる．

第1章 経営戦略の概念

図表1-4 ミンツバーグによる10の学派の特徴

	デザイン	プランニング	ポジショニング	アントレプレナー	コグニティブ	ラーニング	パワー	カルチャー	エンバイロメント	コンフィギュレーション
提唱者	P. セルズニック（およびW. H. ニューマン）などの初期の研究を経てK. R. アンドルース	H. I. アンゾフ	バーデュー大学による研究（D. E. シェンデル、特にK. J. ハッテン）およびその他の経済学者	J. A. シュンペーター、A. H. コール、およびその他の経済学者	H. A. サイモンおよびJ. G. マーチ	C. E. リンドブロム、R. M. サイアート、J. G. マーチ、K. E. ワイク、J. B. クイン、C. K. プラハラード、G. ハメル	G. T. アリソン（ミクロ）、J. フェッファー、G. R. サランシック、W. G. アストリー（マクロ）	スウェーデンのE. レンマン、R. ノルマン、ほかには明らかな起源はなし。	M. T. ハナン、F. フリーマン、条件適応論者（D. S. プー ほか）	A. D. チャンドラー、マギル大学グループ（H. ミンツバーグ、ほか）、R. E. マイルズ、C. スノー
基礎となる学問	なし（メタファーとしての建築学）	都市計画、システム理論、サイバネティクスとの関連	経済学（産業組織論）および軍事史学	なし（ただし初期の著作は経済学者によるもの）	心理学（認知心理学）	なし（心理学、教育学における学習理論の周辺で育まれ、数学のカオス理論）	政治学	人類学	生物学	歴史学
推進者	ケーススタディを教える教師（特にハーバード大学の教師、もしくはその卒業生）、リーダーシップ愛好者、コンサルタント、政府機関（特にアメリカ）	「プロフェッショナル」マネジャー、MBA保持者、特に金融分野におけるスタッフ、「プラティック」コンサルタント、専門研究家（特にアメリカ）	ブランニングと同様。特に分析的スタッフ、コンサルティング「プティック」、軍事研究家（特にアメリカ）	大衆向けビジネス誌、個人主義者、世界中、コンドミニアム、や中南米や中東地域の小規模家事業経営者	心理学に傾倒する心理学者、個人（特に悲観論者と楽観論者）	実験、曖昧性、適合性に傾倒する者（特に日本とスカンジナビア）	権力、政治、陰謀を好む者（特にフランス）	社会的、精神的、集団的なものを好む者（特にスカンジナビアと日本）	個体群生態学者、一部の組織理論家、総じて細分派の実証主義者（特にアングロサクソン系諸国）	併合派と統合派全般。変革推進者。コンフィギュレーションの人気が最も高いのはオランダ、トランスフォームの人気が最も高いのはアメリカ
意図するメッセージ	適合	形式化	分析	ビジョンの構想	対処もしくは創造	学習	推進	統合	対処	統合、変革
実現したメッセージ	思考（ケーススタディ的略形化）	（創造やコミットではなく、むしろ）プログラミング	（創造ではなく、むしろ）計算	中央集権化（そして希望）	（いずれの場合においても対応できず）心配	（追求ではなく、むしろ）プレイ	（共有ではなく、むしろ）独占	（変化ではなく、むしろ）永続	（対立ではなく、むしろ）合併	（分離、適合ではなく、むしろ）併合
タイプ	規範的	規範的	規範的	規範的	記述的	記述的	記述的	記述的	記述的	記述的・規範的
教訓風にいうと	「振り返み先のがぞれ、	「今日の一針、明日の十針」	「軍実だけがお伝えしよう」	「リーダーのところまでついて行ってほしい」	「念じればぞ通ずず」	「七転び八起き」	「一番偉い奴が世話をすることだ」	「リンゴは必ずその木の近くに落ちる」	「すべては成り行き任せ」	「何事にも時がある…」

出所）Cusumano, M. A. and C. C. Markides, eds., 邦訳（2003：44-45）

演・習・問・題

問1 経営戦略の意義について説明しなさい．
問2 M. ポーターの競争戦略論の特徴について説明しなさい．
問3 経営戦略論が多様化している理由について説明しなさい．

参考文献

Ansoff, H. I.（1965）*Corporate Strategy*, McGraw-Hill.（広田寿亮訳『企業戦略論』産業能率大学出版部，1969 年）

Barney, J. B.（2002）*Gaining And Sustaining Competitive Advantage*, 2nd ed., Pearson Education, Inc.（岡田正大訳『企業戦略論（上・中・下）』ダイヤモンド社，2003 年）

Chandler, A. D. Jr.（1962）*Strategy And Structure*, The M. I. T. Press.（三菱経済研究所訳『経営戦略と組織』実業之日本社，1967 年）

Cusumano, M. A. and C. C. Markides, eds.（2001）*Strategic Thinking for the Next Economy*, Jossey-Bass.（グロービス・マネジメント・インスティテュート訳『戦略論』東洋経済新報社，2003 年）

Mintzberg, H., Ahlstrand, B. and J. Lampel（1998）*Strategy Safari : A Guided Tour Through the Wilds of Strategic Management*, The Free Press.（齋藤嘉則監訳，木村充・奥澤朋美・山口あけも訳『戦略サファリ』東洋経済新報社，1999 年）

Porter, M. E.（1980）*Competitive Strategy*, The Free Press.（土岐坤・中辻萬治・服部照夫訳『競争の戦略』ダイヤモンド社，1982 年）

《推薦図書》

1. Porter, M. E.（1980）*Competitive Strategy*, The Free Press.（土岐坤・中辻萬治・服部照夫訳『競争の戦略』ダイヤモンド社，1982 年）
   80 年代の経営戦略論を代表する理論．とくに企業がとるべき 3 つの基本戦略が有名．
2. Ansoff, H. I.（1965）*Corporate Strategy*, McGraw-Hill.（広田寿亮訳『企業戦略論』産業能率大学出版部，1969 年）
   経営戦略論の古典的存在．多角化戦略を中心に詳述．

3. Mintzburg, H., Ahlstrand, B. and J. Lampel (1998) *Strategy Safari : A Guide Tour Through the Wilds of Strategic Management*, The Free Press.（齋藤嘉則監訳『戦略サファリ』東洋経済新報社，1999年）
　　混沌とする経営戦略論を10のスクール［学派］に分類して整理．
4. Cusumano, M. A. and C. C. Markides, eds. (2001) *Strategic Thinking for the Next Economy*, Jossey-Bass.（グロービス・マネジメント・インスティテュート訳『戦略論』東洋経済新報社，2003年）
　　経営戦略の精鋭研究者のよる先端的研究を内容とする意欲的な著書．
5. Slaoner, G. and J. Podolng (2001) *Stragegic Management*, John Wiley & Sons, Inc.（石倉洋子訳『戦略経営論』東洋経済新報社，2002年）
　　企業の戦略的経営のあり方について事例研究に基づいて分析・解明．

第2章の要約

　経営戦略は，常に進展をレビューし，必要に応じ機動的に修正することが求められる．そして，今日の絶え間ない環境変化のなか，その重要性はますます高まっている．では，組織の中で長期的に変えることのない，経営戦略の前提となりうるものは何であろうか．一般には，これに対応するものとして，経営理念，ミッション，バリュー，ドメイン，ビジョンといった言葉が用いられている．しかし，個々の企業によりこれらの言葉の使い方はまちまちであり，統一されていない．その結果，実務や研究の中でもしばしば混乱することがある．ミッション，ビジョン等は，戦略を含め，互換的に用いられるケースもある．欧米の経営学，ビジネス界ではこれらの用語を図表2−1に示す関係でとらえる場合が多い．本章でもこの認識に基づき，これらの用語を概念的に定義したうえで経営戦略の与件としての意義を理解する．

図表2−1　経営戦略の前提となる概念

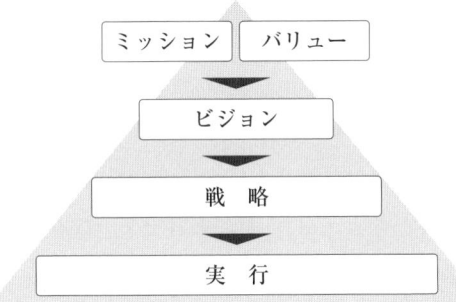

第2章 ミッション・バリューとドメイン

1. 経営理念としてのミッションとバリュー

(1) ミッションとは

　優良な企業は，営利企業であっても，利益を拡大するという経済的な目標だけで行動しているわけではなく，何らかの経営の意図をもっているものである．企業が経営を行ううえでもっとも根源的な拠り所となるものが，企業のミッション（corporate mission）である．企業のミッションは，「その企業が社会の中で果すべき役割」として定義される．それは企業のもっとも上位の目的を示しており，その企業が何のために存在しているのかという問いに対する答えでもある．

　自社のミッションを成文化している企業もあれば，とくに定めていない企業もある．アメリカでは，それをミッション・ステートメント（mission statement）とよんでいる．「わが社は……をする」「わが社は……のために存在する」「わが社の使命は……することです」といった成文化された表明がミッション・ステートメントである．使命や存在理由を抽象的なレベルで示す場合が多いが，その内容は各企業によって多様である．

(2) バリューとは

　ミッションと並んで，組織行動の方向を規定するものがバリュー（value）である．バリューとは，経営活動における原理，原則であり，組織で浸透した信念や価値観でもある．たとえば，「常に顧客を第一に考え，行動する」「革新と創造を重要視する」といったものである．

　ミッションと同じく，バリューも組織によってさまざまな内容を含んでいる．同じ業種であっても，バリューの内容が会社によって異なる．ミッション同様に，バリュー・ステートメント（value statement）として成文化している企業もあれば，とくに定めていない企業もある．しかし，優良な企業はミッション

以上にバリューをもっている場合が多い．

(3) マイクロソフトにおけるミッションとバリュー

　企業のミッションとバリューの例を具体的にみてみよう．マイクロソフトは，次のようなミッション・ステートメントを掲げている（図表2−2）．

　　「世界中のすべての人々とビジネスの持つ可能性を，
　　最大限に引き出すための支援をすること」

　マイクロソフトは，オペレーティングシステム（Windows），ワードプロセッサー（Word），表計算（Excel）といったパーソナルコンピュータ（PC）ソフトウェアで圧倒的なシェアを占めているパッケージソフトウェア会社である．「人々とビジネスの持つ可能性を，最大限に引き出すための支援」に対するひとつのアプローチとしてPCソフトウェアを位置づけて，業容拡大してきたといえる．しかし，ミッションはPCソフトウェアにのみに限定した表現ではなく，広範で多様な解釈ができる余地を残している．マイクロソフトにとっては，「可能性を引き出すための支援」が自分たちの存在意義であり，それによって長期にわたるあり方を定義している．

　マイクロソフトは，このミッション・ステートメントに続け，その遂行方法の基本的考え方を示している．具体的には，①お客様と広範囲な連携体制を築く，②グローバルで包括的なアプローチ，③卓越していること，④信頼できるコンピューティング，⑤向上心を忘れない徳の高い社員，⑥プラットフォームにおける革新性と高い信頼性を伴う業界でのリーダーシップ，⑦新たな取り組みに対する支援，の7つである．たとえば，「徳の高い社員」については，誠実かつ正直であることや，何事に対しても果敢に挑戦することをいとわず，最後までやりぬくこと，常に自戒をし，自己の向上に努めること，お客様，株主様，パートナー様，他の従業員に対して，自らの取り組み，その結果，仕事の質について説明ができること，などを求めている．これらはマイクロソフトの中核となる価値観，すなわちバリューと位置づけられる．

第2章 ミッション・バリューとドメイン

図表2－2 マイクロソフトのミッションとバリュー

私たちのミッションと企業価値

October 24, 2003

テクノロジーの発展により，30年前に比べて，私たちの生活は様変わりしました。特に通信手段は，日々の仕事面において大きな変化を遂げたもののひとつです。これにより，今や私たちは，世界中のあらゆる情報を瞬時に入手でき，人々と交流することが可能となりました。テクノロジーの発展は，人々の活動のあらゆる側面で，新たな可能性を発見するための扉を開き，私たちの生活においてさまざまな価値を提供しているのです。

マイクロソフトは，次のような企業ミッションを掲げ，会社全体で積極的に取り組んでいます。

マイクロソフトのミッション：世界中のすべての人々とビジネスの持つ可能性を，最大限に引き出すための支援をすること

ミッションの遂行

マイクロソフトの企業価値を生み出すための源となっている考え方は次のとおりです。

お客様と広範囲な連携体制を築く

まず，お客様のニーズやテクノロジーをご利用いただいている環境を伺って，問題点を理解します。それに対応するために，お客様をサポートし，さらにお役に立つ情報やご提供してお客様ご自身が気づかなかった可能性を発見するお手伝いをします。

グローバルで包括的なアプローチ

グローバルな見地から考えかつ行動し，幅広いお客様やパートナー様のためお役に立つよう努力していきます。また，的確かつ革新的な判断力で，テクノロジーのコストを大幅に削減するよう取り組みます。さらに，私たちの活動の場である地域コミュニティに対する支援を積極的に行っています。

卓越していること

あらゆる側面に対して，かくあるよう取り組んでいます。

信頼できるコンピューティング

皆様にご提供させていただく製品およびサービスの品質，お客様やパートナー様への丁寧な対応とわかりやすいご説明，そしてあらゆる活動を行うにあたって何事にも対応できるための先見性をもって，お客様との信頼関係を深めていきます。

向上心を忘れない，徳の高い社員

マイクロソフトの企業ミッションを遂行するには，次のような価値観を抱いた，聡明，創造的かつ活動的な人材が不可欠です。

- 誠実かつ正直であること
- お客様，パートナー様，テクノロジーの向上に対する情熱
- 他者に対する率直さと敬意，他者の向上への専心
- 何事に対しても果敢に挑戦することをいとわず，最後までやりぬくこと
- 常に自戒をし，自己の向上に努めること
- お客様，株主様，パートナー様，他の従業員に対して，自らの取り組み，その結果，仕事の質について説明ができること

プラットフォームにおける革新性と高い信頼性を伴う業界でのリーダーシップ

プラットフォームの革新を推進し，お客様やパートナー様の利益や可能性を拡大することに取り組みます。さらに，協業体制を築くことで，他社とマイクロソフトの将来についてオープンに話し合い，その評価を尊重して，製品とマイクロソフトのプラットフォームの発展に何が一番必要かを考え行動します。

新たな取り組みに対する支援

お客様やパートナー様にとって有効な新たな事業分野をご提案し，さらにそれに役立つ新しい製品をご提供するなどして，事業を成功させるための選択肢を増やしていきます。また，お客様の新規の取り組みを既存のビジネスに統合させ，強力なパートナーシップ体制を構築していきます。

マイクロソフトは，あらゆる側面から，お客様の可能性を最大限に引き出すための支援をするという，ミッションの遂行に取り組んでいきます。

出所）マイクロソフトホームページ

2. 良いミッション・バリューの特徴と役割

(1) 良いミッションの特徴と役割

　ミッションの内容は各社により多様であり，ミッション定義についての正解があるわけではない．しかし，良いミッションには，共通の特徴があり，それはマネジメントにおける重要な役割を示している．良いミッションが有する特徴としてつぎのような点がある（Niven, P. R., 2002）．

　① このうえなく長期である

　良いミッションは達成されることのない永遠の目的を示し，長期間にわたり経営における意思決定の拠り所となっている．戦略や計画は環境変化に伴い変わりうるが，ミッションは楔となり，規範を提供する．

　② 変革に向けて奮起させる

　良いミッションは，組織に変革を促し，組織を前進させる．たとえば，ウォルマートのミッションは，「普通の人に，裕福な人と同じものを購入するチャンスを与える」である．小売業態の革新によって豊富な品物を適切な価格で，便利に購入することができるようになった．しかし，普通の人の欲求は常に満たされることはなく，ミッションは新たな業態革新へと組織を駆り立てる．

　③ 理解とコミュニケーションが容易である

　良いミッションは，読むものすべてが容易に理解できる．それによって，人びとを動機づけ，組織全体を同じ目的に向かわせることが可能となる．

3. ドメイン

(1) ドメインとは

　ミッションとバリューに関連する概念にドメイン（domain）がある．ドメインは，一般に領域，範囲を意味しており，さまざまな分野で用いられている．ドメインは，数学では変数がとり得る値の範囲である定義域を指し，生物学では生物の生息圏を表す．また，インターネットでは，ネットワーク上の住所を

ドメインといっている.

　生物学からのアナロジーで示唆されるように企業等の組織体も生息圏が存在する．組織体は環境とのやり取りを通じて存続と成長を図っており，組織体がやり取りする特定の環境の部分のことをドメインという．企業経営に絞ってみれば，ドメインは端的に「企業の活動領域」を意味している．

　ドメインは，経営学においては企業全体（企業グループ全体）に対して付されることが多く，限定的にいえば企業ドメインである．これに対して，企業（グループ）で複数事業を経営している場合，各事業部門（カンパニー，事業部門）別の活動領域を事業ドメインとよび，分けて用いる場合がある．

　しかし，実際には企業の中でドメインという言葉が明示的に用いられることは必ずしも多くなく，また統一的な用法が存在するわけでもない．ドメインは，経営学者，コンサルタントが分析や戦略思考のツールとして創出した概念である．ミッション・ステートメントを有する企業では，その中で企業ドメインに相当するものが示されている場合が多い．

(2) ドメインの例

　では，企業経営においてドメインはどのようなものであろうか．「企業の活動領域」を企業の存在領域というように解釈すれば，前述のミッションに含まれる項目ととらえられる．さらに，より具体的に，提供する製品・サービスや対象としている市場のレベルで事業領域を示すこともありうる．すなわち，ミッションは多様なレベルで表現され，上位はミッションの構成要素となることもあり，下位は事業領域と接する．

　ドメイン定義の好例として，日本電気（NEC）がしばしば取り上げられる．NECは，1977年に小林宏治会長（当時）がC&Cというコンセプトを提唱した．C&Cは，ComputerとCommunicationの2つの頭文字をとったものであり，コンピュータと通信の融合を機軸とした経営を推進することを示したものである．当時，アナログ技術を起源とする通信はデジタル化が進みつつあったが，デジ

タル技術中心のコンピュータとは異なった技術分野で，製品・サービスの単位としても分離していた．NECは，通信機器のメーカーとして創業し，その後，半導体やコンピュータ事業にも参入した．C&Cは，通信のデジタル化という将来像を見据え，通信とコンピュータが融合した情報通信サービスという事業の方向性を示したものであり，企業ドメインといえる．

　NECは，1980年代以降，C&Cを旗印にして，半導体を核に，デジタル通信，分散コンピュータ，そして通信と情報処理を融合した社会システムといった事業領域でシナジーを高めながら経営を拡大することに成功した．このような事業展開において，C&Cというシンボルは，組織内で向かうべき方向を一致させることに貢献した．

　NECは，1980年に次のような企業理念を制定した．

　　「NECはC&Cをとおして，世界の人々が相互に理解を深め，
　　人間性を十分に発揮する豊かな社会の実現に貢献します」

　NECは，このように企業理念の中で，C&Cという企業ドメインを中核に据えている．

(3) ドメインの位置づけと役割

　ドメインは企業経営の中でいくつかの重要な役割を担っている．これを前掲のNECのC&Cを例に考えてみよう．第1に，ドメインは企業レベル，事業レベルでの戦略的な意思決定において，検討の範囲についてのコンセンサスを形成する．検討の範囲とは具体的には戦略的意思決定の選択肢の範囲であり，ばらばらな方向性を闇雲に追うという非効率性を避けるとともに，逆に現行の事業範囲のみに限定されない成長の方向性を示唆するという機能を担っている．たとえば，NECの場合，C&Cが存在することによって，新規事業の候補として何らかの形で通信とコンピュータの融合に係わるものを優先したり，限定することになり，経営資源のシナジー向上に繋がっている．

　第2に，ドメインによって組織としての一体感が醸成される．NECは，通信，

半導体，コンピュータ，ソリューションといった多様な事業群を有しているが，通信とコンピュータの融合に関して，各事業は何らかの接点を有しており，それによって企業全体としての一体感を高めている．

第3に，組織の外部に対して，企業の社会的存在意義や役割を発信することができる．これによって顧客，投資家などの外部関係者の企業に対する期待が生まれる．NEC といえば，C&C が想起される．NEC のコーポレートブランド構築の一助となっている．

4. ドメインの定義

NEC の例にみるように，ドメインは，経営行動に影響を与える．ここでは，ドメインの定義の仕方の違いが，経営にどのような意味をもつか，そして良いドメインの定義とはどのようなものか，について考える．

(1) 物理的定義と機能的定義

ドメインの定義方法を大きく分けると，物理的定義と機能的定義に分けられる．物理的定義とは，製品・サービスそのもの，あるいは製品・サービスの基盤となる技術によって物理的な面からドメインを示す方法である．これに対して，機能的定義では，製品・サービスが提供する機能・価値によってドメインを規定する．NEC の場合，C&C をコンピュータとコミュニケーションととらえれば物理的定義の例といえる．しかし，前掲の企業理念の後半にある，「世界の人々が相互に理解を深め，人間性を十分に発揮する豊かな社会の実現に貢献します」の部分は，ドメインの機能的定義に相当する．

レビット（Levitt, T., 1960）は，製品や技術は時代とともに陳腐化するため，市場の本質的なニーズの面から事業を定義する方がよい，と指摘した．そして，アメリカの鉄道産業を例にあげ，事業を物理的定義でとらえると環境変化に適応できず失墜に繋がると警鐘を鳴らした．アメリカの鉄道産業は，19世紀から20世紀初頭にかけ基幹産業として成長し，繁栄を極めた．しかし，自らの

事業を「鉄道」と定義したため将来の発展の可能性を閉ざしてしまい，自動車，航空など新たな輸送技術の登場で斜陽産業へ陥った．レビットは事業を即物的にとらえるこのような過ちを「マーケティング近視眼」(marketing myopia)と形容した．

鉄道産業の場合，鉄道の機能である輸送に着目すれば，新たな多角化の可能性に気づいたはずである．ドメインを「鉄道」ではなく，「輸送に奉仕すること」と定義すれば，技術と社会が変化しても，さまざまな輸送手段の導入を通して発展できたかもしれない．製品・サービス個々にはライフサイクルによる浮き沈みがあるが，市場・顧客の根源的ニーズは量的にも質的にもなくなることはないのである．

(2) 複数次元によるドメイン定義

レビットによる物理的定義と機能的定義という区分はドメイン定義のあり方について基本的な示唆を与えた．しかし，望ましいとされる機能的定義も，抽象的過ぎる，対象とする領域が広く漠然としている，そのため戦略的意思決定の指針になり得ない，といった問題が指摘された．

これに対して，複数の次元を組み合わせることが提案された．これにより複眼的で適度な範囲のドメイン定義が可能となる．機能的定義を補完するものとして，たとえば，事業が対象とする市場，組織・事業の基盤となる技術が考えられる．これらを組み合わせ，市場×技術，市場×技術×機能という2次元や3次元でのドメイン定義が考えられる．エイベル (Abell, D. F., 1980) は，①顧客層，②技術に加えて，③顧客機能を含めた3次元で事業を定義することを提唱した．

顧客層の次元は，製品・サービスの提供先である対象とする市場の規定である．どのような顧客に対して，製品・サービスを提供するのかということを示す．市場を規定する変数としては，対象とする地理的範囲，法人か生活者かといった顧客種別，法人の場合の業種，生活者の場合の人口統計属性，ライフス

タイル特性，心理特性，行動特性などがある．

　技術の次元は，提供する製品・サービスの基盤である「技術」の面から取り組む事業範囲を規定する．製造業の場合，製品技術や生産技術等が相当し，サービス業の場合，オペレーション技術，ビジネスモデル等が対応する．たとえば，花王の場合の界面科学，油脂科学，シャープの場合の液晶は，製品技術が事業の方向性を与える例である．インターネットでの書籍販売からスタートしたアマゾンは，取扱商品を音楽CD，映画DVD等に広げている．この場合，ネット販売のオペレーション技術が事業領域の核になっているといえる．

　顧客機能の次元は，製品やサービスが満たすべき顧客のニーズであり，前述の機能的定義に近い．たとえば，「余暇を楽しむ」「モノを移動する」などである．重要な点は，顧客層が異なっても顧客機能は共通だったり，顧客機能を実現する複数の技術的可能性があることである．すなわち，機能的定義だけだと抽象的で漠然としている領域を顧客層，技術という軸で補完することによりドメインが明確になる．どのような顧客層の「余暇を楽しむ」というニーズに，どのような手段で対応するのか，どのお客様の「モノを移動する」というニーズに，どのような物流手段の組み合わせでサービスを提供するのか，といった観点を明らかにする必要がある．

　エイベルの3次元による定義は市場セグメンテーションの考え方とも共通点があり，企業ドメインというよりも，事業ドメインとしての定義として有用といえる．実務界では，コンサルティング会社が，このような複数次元の事業ドメイン分析に基づき，事業ポートフォリオ再構築や事業戦略策定のコンサルティング・サービスを行っている．

(3) ドメイン・コンセンサス

　企業のドメインを誰が，どのように認識するかという点も重要な問題である．前述のようにドメインという用語が用いられるとは限らないが，企業の意思決定や行動，情報発信の結果としてドメインに関する認識が当該企業の組織内や

外部で醸成されることになる．榊原（1992）は，「経営者と組織メンバーとのやり取りを通じて，あるいは企業組織と外部環境とのやり取りを通じて形成されるドメインに関する合意」が重要であり，このようなドメインに関する社会的合意のことをドメイン・コンセンサスとよんだ．

　ドメイン・コンセンサスは，ドメインに関して関係者の共通した認識の部分であるが，関係者の中でドメインの認識に差がある場合が問題となる．たとえば，ファーストリテイリングは，カジュアル衣料品を低価格帯で販売するユニクロで成功した．この時点では，経営者，従業員，そして顧客がもつユニクロに対するドメインは一致していたといえる．その後，ファーストリテイリングは食品事業への進出や新ブランド展開を行っている．これらはこれまでのユニクロのコンセプトと異なった事業である．ドメインの再定義とそのコミュニケーションにより，新たなドメイン・コンセンサスを形成できるかどうかが事業の成否を分けるといえる．アメリカの鉄道産業の失敗もドメイン・コンセンサスで説明できる．この場合，環境や技術の変化に対して，社会からの期待が変化したのに対して，企業側のドメイン再定義が遅れたため，企業内外でのドメインの認識ギャップが大きくなったのである．

(4) 経営革新とドメイン再定義

　以上の例にみるように，ドメイン・コンセンサスは経営の成否を分ける重要な概念である．そうだとすれば，ドメインは短期的に変えるものではないが，中長期的には事業展開と成長のモードに照らして，適切にドメインを再定義することも必要である．

　たとえば，キヤノンは，創業当初，「ライカに追いつき，追い越せ」を合言葉に世界的な高級カメラメーカー「ライカ」に比肩する存在を目指し，成功を収めた．その後，1960年代から70年代にかけて電卓や複写機といった事業を展開したが，その時期には「右手にカメラ，左手に事務機」というスローガンを掲げた．当初の目標が世界的高級カメラメーカーであったのに対して，この

時期には社内でカメラ事業に匹敵する新たな事業を育成することが新たな経営目標となっていた．そして「右手にカメラ，左手に事務機」というスローガンで，社内の複数の事業部門がお互いに競争し，成長を遂げることができた．1980年以降，プリンタ，ファックス等の新事業領域がさらに拡大した結果，「総合映像情報産業」を標榜するようになった．経営の大きな転換期には新たな方向づけを行うためのドメイン再定義が求められる．

演・習・問・題

問1　ミッション，バリューおよびドメインの関係を説明しなさい．

問2　よく知っている実在する企業を取り上げ，ミッションとバリューに相当するものを調べ，どのような内容が含まれているか分析しなさい．

問3　あなたが上記企業の経営者になったと仮定し，自分なりにエイベルの3次元（①顧客層，②技術，③顧客機能）によりドメインを再定義しなさい．

参考文献

Abell, D. F. (1980) *Defining the Business : The Starting Point of Strategic Planning*, Prentice Hall.（石井淳蔵訳『事業の定義』千倉書房，1984年）

Ansoff, H. I. (1965) *Corporate Strategy*, McGraw-Hill.（広田寿亮訳『企業戦略論』産業能率大学出版部，1969年）

Barney, J. B. (2002) *Gaining and Sustaining Competitive Advantage*, 2nd ed., Pearson Education, Inc.（岡田正大訳『企業戦略論（上・中・下）』ダイヤモンド社，2003年）

Collins, J. C. and J. I. Porras (1994) *Built to Last*, Harpercollins.（山岡洋一訳『ビジョナリーカンパニー』日経BP出版センター，1995年）

Levitt, T. (1960) "Marketing Myopia," *Harvard Business Review*, July-Aug.

Niven, P. R. (2002) *Balanced Scorecard Step by Step : Maximizing Performance and Maintaining Results*, John Wiley & Sons, Inc.（松原恭司郎訳『ステップ・バイ・ステップ・バランス・スコアカード経営』中央経済社，2004年）

石井淳蔵・奥村昭博・加護野忠男・野中郁次郎（1996）『経営戦略論（新版）』有斐閣

マイクロソフトホームページ,
　http://www.microsoft.com/japan/mscorp/mission/, 2005年7月アクセス.
NECのインターネット・ホームページ,
　http://www.nec.co.jp/profile/vision.html, 2005年7月アクセス.
大滝精一・金井一頼・山田英夫・岩田智（1997）『経営戦略』有斐閣
寺本義也・岩崎尚人編（2004）『経営戦略論』学文社
榊原清則（1992）『企業ドメインの戦略論』中央公論社

――――――《推薦図書》――――――

1. Jones, P. and L. Kahaner（1995）*Say It & Live It : The 50 Corporate Mission Statements That Hit the Mark*, Doubleday.（堀紘一訳『世界最強の社訓―ミッション・ステートメントが会社を救う』講談社, 2001年）
　　豊富な企業事例に基づき, ミッション・ステートメントの役割を議論.
2. アーサーアンダーセンビジネスコンサルティング（1997）『ミッションマネジメント―価値創造企業への変革』生産性出版
　　ミッションの重要性とそれを起点とするマネジメントのあり方を実践的に解説.
3. 榊原清則（1992）『企業ドメインの戦略論』中央公論社
　　企業ドメイン論の理論と事例を簡潔に, わかりやすく紹介.
4. Abell, D. F.（1980）*Defining the Business : The Starting Point of Strategic Planning*, Prentice Hall.（石井淳蔵訳『事業の定義』千倉書房, 1984年）
　　事業の定義について3つの次元から論じる.

第3章の要約

　経営戦略は，企業の中で多様な文脈をもって用いられている．本章では，経営戦略理解の端緒となるように，まず経営戦略の全体像を体系の面，プロセス面から整理する．経営戦略論の中心課題である企業戦略や事業戦略については他の章で詳述するが，本章ではその位置づけを明確にする．

第3章 経営戦略の体系と内容

1. 経営戦略の体系

(1) 経営戦略の構成要素と位置づけ

経営戦略の体系の前提として企業におけるマネジメント体系を事業，業務機能，そして経営管理レベルという3つの軸の面から整理すると図表3-1のように示せる．

事業とは，一貫した経営推進の単位であり，製品・サービスや地域といった軸で区分される．複数の事業を扱う場合，企業の中でもっとも大きな事業の区分単位を戦略事業単位（SBU: Strategic Business Unit）とよんでおり，事業部制での事業本部やカンパニー制のカンパニーといった組織に対応する．

業務機能は，事業を推進するうえで必要となる業務の種別である．製造業の業務機能は，大きなレベルでは開発，調達，生産，販売等に分けられる．単一

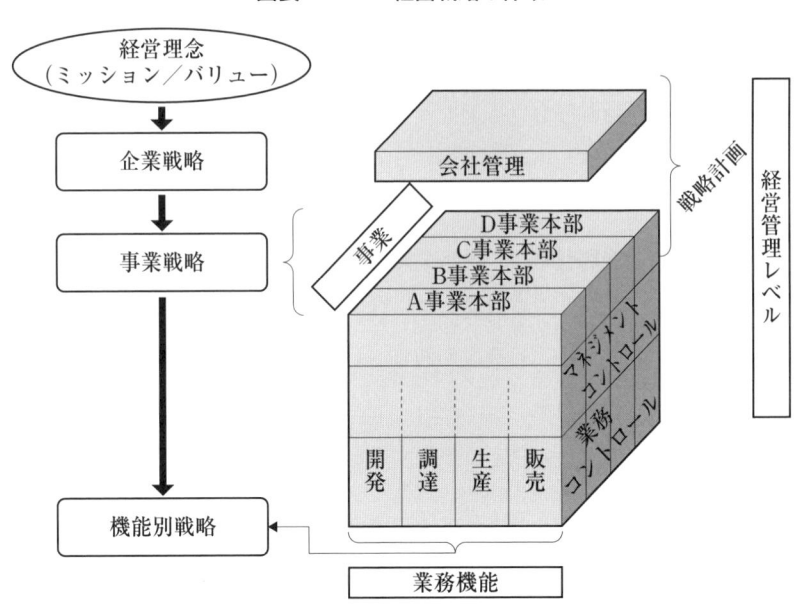

図表3-1 経営戦略の体系

事業の企業の場合，業務機能別に組織が編成され，事業部制やカンパニー制の場合もその内部組織は機能別に部・課が作られる．

最後に，経営管理レベルは，アンソニー（Anthony, R. N., 1965）によれば，戦略計画，マネジメントコントロール，業務コントロールのように階層的に分類できる．戦略計画は，企業の最上位の意思決定レベルであり，財務目標の設定，新規事業および事業ポートフォリオの計画，事業基本戦略の策定等が含まれる．マネジメントコントロールは，戦術計画・業務計画の策定，予算編成，業績測定，修正計画の策定等を含む．業務コントロールは，業務実行の日常的管理である．

事業，業務機能，経営管理レベルには，相互関係があり，そのため図表3－1では3次元の構造として示している．複数事業を事業部制組織で推進している組織の場合，大きく本社管理と事業部門に分けられる．本社管理は経営管理レベルの戦略計画に相当するが，戦略計画の下層以下が事業別に分解される．そして，マネジメントコントロールの下層と業務コントロールはさらに業務機能別に分解される．

経営戦略の体系は，このようなマネジメント体系と関係づけられる．一般には，前章で示した経営理念（ミッション，バリュー）を与件として，企業戦略，事業戦略，機能別戦略といった階層により構成される．企業戦略は，複数事業部門を統括した全社の戦略である．事業戦略は企業戦略を受けた各事業部門別の戦略である．機能別戦略は，各事業戦略を展開する中で必要となる業務機能別の戦略である．なお，業務機能の中には，財務，人事，情報システムなど事業部門に限定しない全社共通機能がある．したがって，機能別戦略には企業戦略から派生するものもある．

以上の点を組織構造との対応で整理すると図表3－2のようになる．

（2）企業戦略

企業戦略（corporate strategy）は企業レベルの戦略である．企業の形態に

図表3-2 組織構造と戦略との関係

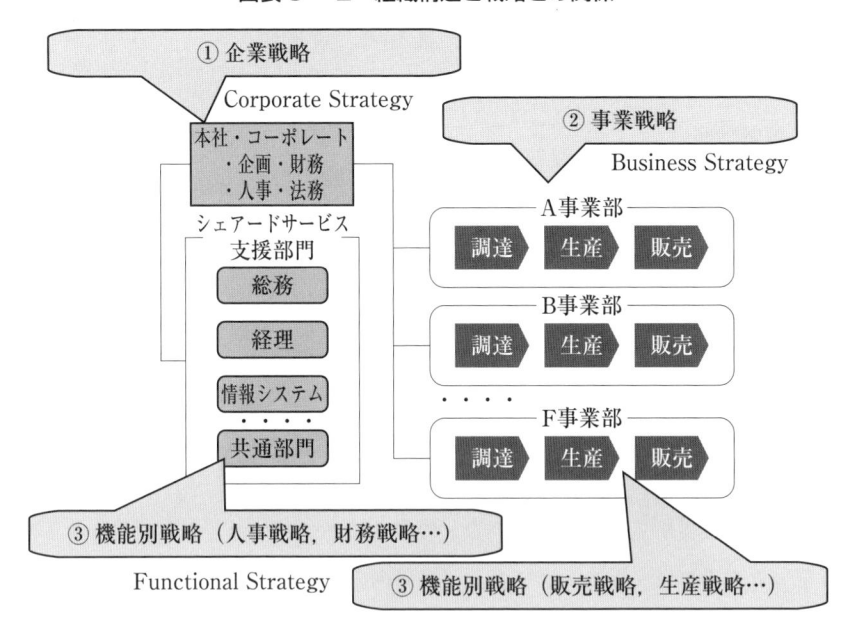

① 企業戦略 Corporate Strategy

本社・コーポレート
・企画・財務
・人事・法務

シェアードサービス
支援部門
　総務
　経理
　情報システム
　・・・・
　共通部門

② 事業戦略 Business Strategy

A事業部　調達　生産　販売
B事業部　調達　生産　販売
・・・・
F事業部　調達　生産　販売

③ 機能別戦略（人事戦略，財務戦略…）
Functional Strategy
③ 機能別戦略（販売戦略，生産戦略…）

　よっては，グループ経営レベルの戦略を指す．企業戦略の中心的なテーマは，企業全体，グループ全体としての中期的な将来像（ビジョン），財務的な目標，そして事業ポートフォリオの方針，資源展開等である．まず，ミッション，バリューといった経営理念を前提に，目指すべき企業像を事業領域や，到達すべき経営成果や企業価値の面から明らかにする．そして，それを達成するために各事業をどのように位置づけ，そのために経営資源を調達または開発し，配置していくかを明らかにする．成長のための手段としてのM&A（Merger and Acquisition：合併・買収）や，事業の選択と集中といった事業再編も企業戦略の構成要素である．

　企業戦略は，企業の成長戦略，多角化の観点から，研究と実践が積み重ねられた領域である．そして，企業戦略策定のためのさまざまなフレームワークや経営手法が，古くから適用されてきた．代表的なものとして，アンソフ（Ansoff, H. I.）の成長ベクトル，ボストン・コンサルティング・グループのプ

ロダクト・ポートフォリオ・マネジメント（PPM：Product Portfolio Management）等がある．これらについては，第10章で詳述する．

(3) 事業戦略

　事業戦略（business strategy）は，ひとつの事業単位にかかわる戦略であり，企業戦略の下で展開される．事業戦略では，その事業においてどのような市場を選び，それに対してどのような顧客価値を提供していくのかを規定する．その特定市場，業界内における競合企業との競争のあり方が重要となるため，事業戦略の中心的なテーマとして競争戦略が位置づけられている．

　競争戦略は，1980年代にポーター（Porter, M. E.）によって発表された理論が中核になり，形成された．「5つの競争要因」（five forces）は，業界企業の平均的業績は業界構造に依存しているとの考えに基づき，企業を取り巻く競争構造を分析するフレームワークである．業界内の競争業者の敵対関係の強さ，売り手の交渉力，買い手の交渉力，新規参入者の脅威，代替品の脅威という5つの力をそれぞれ分析し，その度合いから業界の競争レベルを評価する．競争レベルが高いほど，業界の平均的業績は低く，逆に競争レベルが低ければ平均的業績は高くなる傾向にある．したがって，企業は競争レベルの低い業界への参入を試みたり，業界の競争レベルを低減するような戦略施策を講ずる．また，5つの競争要因による業界構造の分析は，企業を取り巻く機会と脅威を発見するためにも用いられる．

　また，ポーター（1985）は，3つの基本戦略（generic strategy）を示し，業界平均以上の業績を達成するためにはこのうちのいずれかを追求しなければならないと主張した．3つの基本戦略は，コスト・リーダーシップ戦略，差別化戦略，集中戦略である．これらは，競争優位の源泉の観点と，競争の場の組み合わせから導出される．業界の広範囲で戦うためには，競争優位の源泉を低コストか差別化のいずれかを目指さなければならない．他社よりも低コストで製品・サービスを提供することができれば，低価格販売による拡販または高マー

ジンを実現できる可能性がある．これがコスト・リーダーシップ戦略である．一方，差別化戦略は，他社に対して差別的な機能や性能を提供することにより，シェアの拡大やプレミアム価格による販売を目指すものである．3つ目の基本戦略である集中戦略は，限定された市場セグメントに特化し，製品・サービスを提供する．この場合，市場セグメントとして，地域，顧客グループ，製品ライン等のいずれか，あるいは組み合わせによって競争範囲を限定する．事業戦略，競争戦略については，第7章において詳述する．

(4) 機能別戦略

機能別戦略（functional strategy）は，大きく2つのグループに分けられる．ひとつは，調達，生産，販売といった製品・サービスの提供に直接かかわる業務機能別に展開された戦略であり，事業戦略を上位戦略とする．具体的には，製品開発戦略，マーケティング戦略，生産戦略，調達戦略等である．もうひとつは，事業の直接的な業務機能ではない全社の共通業務に対するものであり，これは全社戦略や事業戦略を側面から補完する．具体的には，財務戦略，人事戦略，IT戦略等である．

2. 経営戦略の策定プロセス

前節で示したように経営戦略は，経営の階層に応じて，企業戦略，事業戦略，機能別戦略という階層構造をもつ．すなわち，機能別戦略は事業戦略を実現するためのものであり，事業戦略は企業戦略を実現するためのものである．言い換えれば，経営が目指すべき将来像（ビジョン）に向けての手段として最上位の戦略を設定し，その戦略を実現するための手段（戦術）を導出する．それがつぎの階層の戦略となり，そのための戦術を展開する．このように，戦略─戦術の階層的な展開は，目的─手段の階層的な繰り返しに対応したものであり，戦略と戦術の関係も相対的な関係でしかない．本節では，このような階層的な戦略の展開が実際にどのように行われているのか，プロセスの面からみていく

ことにする．

(1) 経営管理プロセスと経営戦略の展開

　経営管理制度には，さまざまなレベルの制度があり，多くの要素から構成される．経営のもっとも上位の仕組みとしては，中期経営計画から予算編成にかけてのプロセスがある．その進め方も各社多様であるが，日本企業では多い3月決算期の企業では，毎年年末にかけて「中期経営計画」のローリング，または「年度計画」の作成作業が開始される（図表3-3）．一般には，経営戦略はその過程で策定される．「中期経営計画」は，3年等数年ごとに作成する方式と毎年ローリングする方式があり，「中期経営計画」と「年度計画」の作成タイミングと位置づけが異なるが，経営戦略が成文化されるのはこれらの計画書の中である．

　では，中期経営計画（または年度計画）策定の流れの中で，経営戦略がどのように展開されるか，一般的なプロセスをみてみよう．まず，戦略の策定に先立って，経営者やコーポレートの企画スタッフを中心に，決算などの経営見通しと経営環境分析を行い，3年後等に到達すべき中長期的なビジョンと財務目標を設定する．そして，それに基づき企業戦略の策定を行う．複数事業を手がける企業の場合，企業戦略の方針と事業計画策定のガイドラインが事業本部，カンパニーといったSBU部門に示達され，各SBUで事業計画・事業戦略の立案を行う．当然ながら企業戦略と事業戦略は相互関係があり，策定の流れや決定権限の部門配置は，計画策定アプローチや集権―分権などの経営スタイルによって多様である．全社目標を事業目標に落とし込むトップダウン型が基本型であるが，全社目標と事業目標をすり合わせるプロセスを併せ持っており，詳細は各企業によって異なる．

　財務目標や企業戦略，事業戦略を中期経営計画としてまとめた後，予算編成や業務計画が部署のレベルまで展開され，最終的には目標管理制度における個人目標の設定が個人レベルで行われる．

図表3-3　中期経営計画の策定の流れ

	第3四半期			第4四半期			
	10	11	12	1	2	3	4
経営者 コーポレート (経営企画, 経理等)		経営見通＋経営環境分析 ビジョン 財務目標	企業戦略策定 ※全社機能別戦略を含む	方針	中期経営計画取り纏め	予算編成 部門計画	個人目標設定 (目標管理)
SBU (事業本部, カンパニー)		事業環境分析		事業戦略策定 ※事業機能別戦略を含む			

(2) 企業戦略の策定

　企業戦略の策定は，上述のように中期経営計画の策定の中で行われる．経営状況の見通しや経営環境の分析に基づき，まず長期，中期に到達すべき企業としての将来像が明らかにされる．これは一般に経営ビジョンとよばれている．経営ビジョンは，どのような領域，すなわちドメインで事業を行うのか，そして経営の状態としてどのような水準を目標とするのかを明確にしたものである．経営ビジョンをどのように達成するか，そのためにどのような方策・打ち手を採るかが「企業戦略」として位置づけられる（図表3-4）．

　企業戦略として具体的には，次のような項目が検討される．

① 中長期の事業ポートフォリオ計画

　中期的にどのような事業構成にするか，各事業の財務成果，市場地位をどのようにしていくかを明らかにする．そのために，事業成果や事業環境の分析を踏まえ，選択と集中の観点からの現行事業評価を行い，そして育成する事業に対する投資など資源配分の方針を設定する．

② 新規事業開発のための研究開発および M&A

　事業ポートフォリオ計画の中で，新規事業関係については，実現に向けた研

図表3-4 ビジョンと戦略

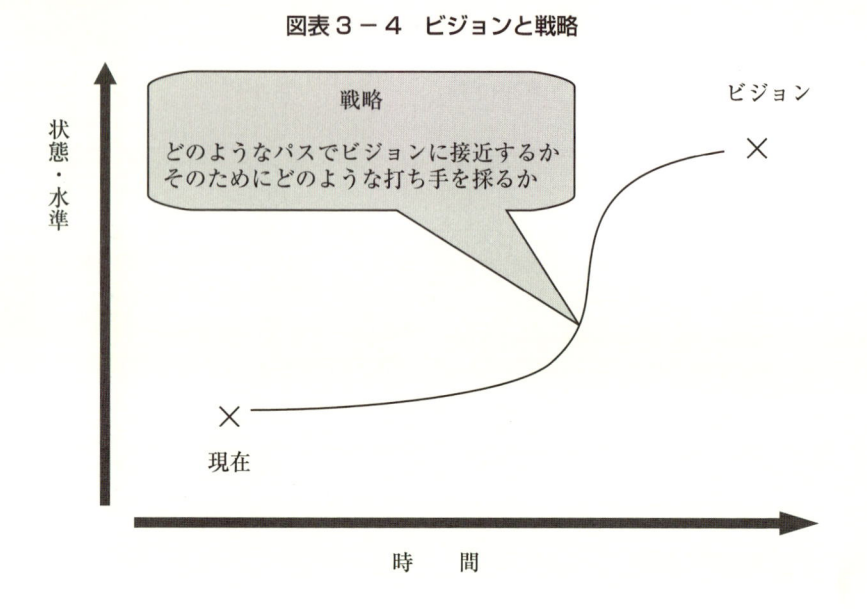

縦軸：状態・水準
横軸：時間

戦略：どのようなパスでビジョンに接近するか　そのためにどのような打ち手を採るか

現在 × → ビジョン ×

究開発やM&Aの実施計画を策定する．

③　シナジー戦略と全社施策

　事業間のシナジーを高め，事業戦略を補完するための全社共通で取り組むべき施策を明らかにする．これらの中には，連結管理会計システム整備，経営品質プログラムなどの経営管理的施策，コア人材育成等の人事系施策，経理シェアードサービスセンター，情報セキュリティ環境整備など経営基盤系施策が含まれる．

(3) 事業戦略の策定

　企業戦略に基づき，個々の事業に関して事業戦略が策定される．事業戦略立案のプロセスに関しては，経営学と経営実務の中でさまざまな考え方が提唱され，実践されてきた．事業戦略策定の大きな流れは，図表3-5に示すとおりである．しかし，当然ながら詳細は企業によって異なる．また経営管理システムとして制度化され，統一的なプロセスが徹底されているかどうかも企業によ

図表3－5　事業戦略の策定プロセス

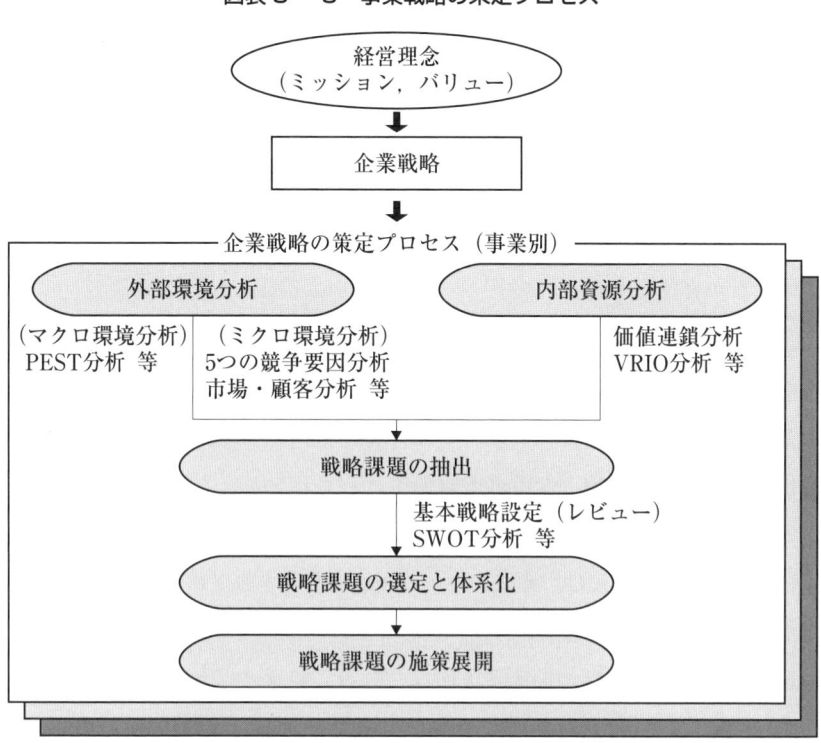

```
            経営理念
       (ミッション,バリュー)
              ↓
           企業戦略
              ↓
  ┌─── 企業戦略の策定プロセス（事業別）───┐
  │   外部環境分析           内部資源分析    │
  │ (マクロ環境分析)(ミクロ環境分析)          │
  │  PEST分析 等  5つの競争要因分析  価値連鎖分析 │
  │              市場・顧客分析 等  VRIO分析 等  │
  │              ↓                        │
  │         戦略課題の抽出                  │
  │              │ 基本戦略設定（レビュー）   │
  │              │ SWOT分析 等              │
  │         戦略課題の選定と体系化            │
  │              ↓                        │
  │         戦略課題の施策展開               │
  └────────────────────────────┘
```

る．

　一般には，まず外部と内部の双方から分析が行われる．外部環境分析は，さらに2つのレベルに分けられる．ひとつは，自社の事業を取り巻く直接的な関係先に関するミクロな環境の動向の分析である．もうひとつは，当該業界を取り巻くマクロ環境の動向である．ミクロ環境分析では，顧客や市場，供給業者やパートナー企業，そして競合企業などの構造や動向を定性的，定量的に把握する．とくに顧客ニーズ等の観点から市場の細分化を行うことも重要な分析事項である．また，ポーター（1980）は，顧客，供給業者，競合企業に加えて，業界への新規参入者，顧客にとっての代替製品・サービスを加え，5つの競争要因から分析することを提唱している．マクロ環境の分析では，より大きな変

化をとらえる．マクロ環境には政治的（Political），経済的（Economic），社会的（Social），技術的（Technological）側面があるが，これらの各側面で自社の事業に影響を与えうる動向や変化を洗い出す．マクロ環境分析は，分析の視点である各側面の頭文字をとり PEST 分析とよぶこともある．マクロ環境分析，ミクロ環境分析の双方を通じて，外部でどのような変化が起こりつつあり，それが自社の事業にとってどのような機会（opportunities）と脅威（threats）を意味するかを評価する．

　企業の内部については，内部資源分析が行われる．内部資源分析もいくつかの観点から行う必要がある．最終的には，コスト構造や顧客への価値の実現状況を明らかにし，競合他社に対する強み（strengths）と弱み（weaknesses）を評価する．また，対象となる経営資源をとらえるフレームワークとしてポーター（1985）が提示した価値連鎖（value chain）や，マッキンゼーの7Sなどが用いられる．価値連鎖は，顧客に対する価値を創造するプロセスを業務活動の繋がりとしてとらえたものであり，調達，生産，販売といった主活動と人事・労務管理等の支援活動から構成される．7Sは，組織とマネジメントの構造を，戦略（Strategy），組織構造（Structure），経営管理制度（System），経営文化（Style），人材（Staff），スキル（Skill），経営理念と価値観（Shared Values）というSで始まる7つの要素に分けたものである．組織とマネジメント全般については7S，業務プロセスについては価値連鎖を分析のフレームワークとして用いることができる．経営資源の強みを詳細に分析するものとして，バーニー（Barney, J. B., 2002）のVRIOフレームワークがある．これは，価値（Value），希少性（Rarity），模倣可能性（Imitability），組織（Organization）の面から，経営資源の持続可能性を評価する方法を提示している．

　分析作業に続き，つぎに戦略課題の抽出を行う．戦略課題の抽出も創造的なプロセスであり，型にはまった方式でうまくいくものではない．しかし，外部環境分析で明らかになった機会と脅威，そして内部資源分析で評価した強みと弱みの突き合わせが戦略課題抽出の起点となる．このアプローチは，強み

(Strengths)・弱み (Weaknesses)・機会 (Opportunities)・脅威 (Threats) の頭文字をとって SWOT 分析として知られている．その結果，① 強みを活かして機会に乗るための戦略課題，② 強みを活かして脅威を回避するための戦略課題，③ 弱みを克服し機会を逃さないための戦略課題，④ 弱みを克服し脅威を回避するための戦略課題，を抽出することになる．これらの戦略課題に加え，事業の方針を示す基本戦略のレビューと再設定も必要となる．

これらの抽出された戦略課題は，それを実施した場合の有効性，実行リスク，基本戦略との整合性などを検討し，最終的に実施案として採用するかどうか，実施に移す優先順位を設定する．そして，実施する戦略課題については，実施する施策を詳細化し，中期経営計画，年度計画に盛り込むことになる．

演・習・問・題

問1　戦略策定のプロセスで，事業部制の場合と機能別組織の場合でどのような違いがあるか，検討し，説明しなさい．

問2　関心のある企業を選び，そのホームページに掲載されている IR 情報を調べ，企業レベル，事業レベルの戦略がどのように示されているか調べ，整理しなさい．

問3　上記企業に関して公表情報を調べ，SWOT 分析を行い，戦略課題をリストアップしなさい．

参考文献

Ansoff, H. I. (1965) *Corporate Strategy*, McGraw-Hill.（広田寿亮訳『企業戦略論』産業能率大学出版部，1969 年）

Anthony, R. N. (1965) *Planning and Control Systems : A Framework for Analysis*, Harvard Business School Press.（高橋吉之助訳『経営管理システムの基礎』ダイヤモンド社，1968 年）

Barney, J. B. (2002) *Gaining and Sustaining Competitive Advantage*, 2nd ed., Pearson Education, Inc.（岡田正大訳『企業戦略論（上・中・下）』ダイヤモンド社，2003 年）

Porter, M. E. (1980) *Competitive Strategy*, The Free Press.（土岐坤訳『競争

の戦略』ダイヤモンド社, 1982年)

Porter, M. E. (1985) *Competitive Advantage : Creating and Sustaining Superior Performance*, The Free Press. (土岐坤ほか訳『競争優位の戦略』ダイヤモンド社, 1985年)

石井淳蔵・奥村昭博・加護野忠男・野中郁次郎 (1996)『経営戦略論〔新版〕』有斐閣.

大滝精一・金井一頼・山田英夫・岩田智 (1997)『経営戦略』有斐閣.

寺本義也・岩崎尚人編 (2004)『経営戦略論』学文社.

《推薦図書》

1. Aaker, D. A. (2001) *Developing Business Strategies*, John Wiley & Sons. (今枝昌宏訳『戦略立案ハンドブック』東洋経済新報社, 2000年)
   戦略策定のプロセスとフレームワーク・手法を体系的に記述.

2. Mintzberg, H., Ahlstrand, B. and J. Lampel (1998) *Strategy Safari : A Guided Tour Through the Wilds of Strategic Management*, The Free Press. (齋藤嘉則監訳『戦略サファリ』東洋経済新報社, 1999年)
   経営戦略論の系譜に即し, 経営戦略の多様なとらえ方とアプローチを紹介.

3. 原田勉 (1999)『MBA戦略立案トレーニング』東洋経済新報社
   ケース演習で経営戦略の理論とフレームワークの具体的な適用イメージを理解.

第4章の要約

　企業にとっての経営戦略の意義を問うとき，企業の本来的な目的との関係を抜きにしては語ることができない．企業の本来的な目的とは，経営活動を通じての利潤の追求であり，各企業の希求水準に見合った利潤をいかに確保するかということが重要な課題となってくる．すなわち，企業が利潤をどのようにして確保するかという道筋を具体的に示すことが必要であり，同時にそれは企業経営環境の変化に適応しているとともに，時に環境の変化を予測し，先取りしたものでなければならない．そして，こうした課題に応えるべく，考え出されるのが経営戦略にほかならないのである．

　1960年代に登場した経営戦略論は，その後，現在にいたるまでの過程において大きく変貌してきている．かつては個々の企業の体力（活力）の確保のための施策として位置づけられた経営戦略は，70年代にいたっては多角化を背景とした事業展開の効果的な方法を模索することを目的としたものへと変化し，さらに80年代においては，企業間における熾烈な競争を征するための戦略へと大きく変化してきた．また90年代以降では，個々の企業が有する経営資源こそが独自かつ持続的な競争優位性の源泉であるとする資源ベースの戦略論が先端的研究として位置づけられている．

第4章 経営戦略論の展望

1. 経営戦略論の転換

(1) 日本企業にとっての経営戦略の転換

　1960年代の半ばの登場以降，現在にいたるまで，企業経営にとって不可欠とされてきた経営戦略は，企業をとりまく経営環境の変化や企業ニーズの多様化・複雑化に応えるかたちで深化をみせてきた．とりわけ日本の企業を取り巻く環境の変化はいちじるしく，急務とされた雇用調整や設備投資調整，さらには為替市場における急激な変動，中国をはじめとするアジア市場の激変，引き続く資産デフレなど，じつに山積する課題の克服を余儀なくされ，そうした厳しい状況の中にあってもなんとか耐えしのいできているのが実情である．

　こうした状況の中，日本企業にとっての指針としての経営戦略の選択については，従来型の経営戦略（言い換えれば古典的な経営戦略）の見直しと，もうひとつはまったく新しい経営戦略の選択という2つのカードが用意されていた（グロービス，1995：40-41）．前者は事業ポートフォリオの考え方を中心としたもので，事業撤退に消極的もしくは否定的な日本企業の風土にあって，あえて事業編成の見直しの中で事業の撤退を行うというものである．また後者については，経営戦略と組織風土との融合，経営戦略とオペレーションとの融合にみられるような，経営戦略の対象領域の拡大をはかるもので，理論的側面での考察のみならず，生産の現場などに蓄積されてきた各種の知識としてのエンジニアリング能力との融合により，従来の思考に縛られない新しい生産技術や知識の創出を目的とする動きの登場である．

　かつてのような経済成長を基調としていた時代においては生産性の高さや効率性がなによりも競争優位の源泉となりえたが，これからの時代においては新しい知識の創造に象徴されるように，創造性や革新性がなによりも重要とされるとともに，その具現化としてのイノベーションを経営という場において実現できる能力が企業の競争優位の本源とされてくるのである．

図表4－1　企業戦略の将来展望

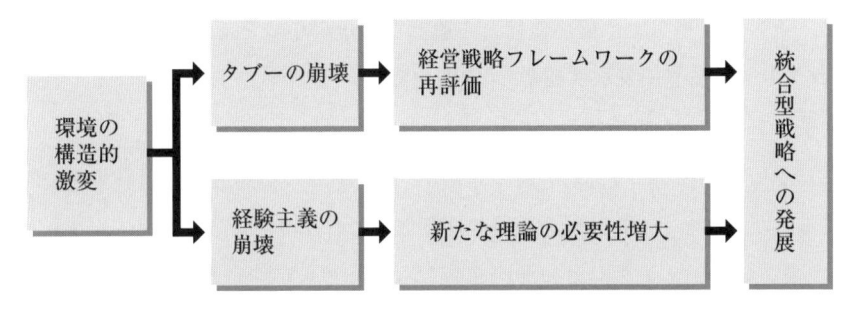

```
┌─────┐    ┌─────────┐   ┌──────────────────┐   ┌──────┐
│環境の│ ─→ │タブーの崩壊│ → │経営戦略フレームワークの│ → │統合型│
│構造的│    └─────────┘   │再評価            │   │戦略へ│
│激変  │                    └──────────────────┘   │の発展│
│      │ ─→ ┌─────────┐ → ┌──────────────────┐ → │      │
└─────┘    │経験主義の │   │新たな理論の必要性増大│   └──────┘
           │崩壊      │   └──────────────────┘
           └─────────┘
```

出所）グロービス（1995：41）

(2) 分析型経営戦略

　日本企業における経営戦略の変化についての言及につづき，つぎに80年代以降の比較的新しい経営戦略論領域における推移についても触れてみることとする．

　80年代以降の経営戦略論は大きく「分析型経営戦略」と「プロセス型経営戦略」の2つのタイプに分類することができる．

　従来の経営戦略は，個々の企業を取り巻く経営環境における変化がもたらす機会ならびに脅威に対して，いかに適応させるかということを中心的課題におき，システムとしての企業に関する詳細な分析を行う「分析型」の経営戦略が主流とされた．なかでも80年代初頭に登場したポーターの競争戦略論は，アメリカを発信源とする新たな経営戦略論として，一世を風靡するまでにいたったことはもはや周知のことである．

　分析型経営戦略の特徴は，経営戦略担当スタッフの組織内でのポジションを高め，彼らの手による経営戦略策定および市場ならびに業界構造等に関する分析にある．たとえば，ポーターによれば企業にとってもっとも重要なことは，利潤を確保することのできる産業領域にポジショニングすることであり，このことは言い換えれば，もっとも魅力的な産業領域を見出すことでもある．ポーターはそのために，産業構造を分析するとともに，市場構造の分析を行うこと

により，収益性のもっとも高い産業領域を抽出する作業の重要性を説くとともに，その結果から，企業が他社との熾烈な競争の中でとるべき行動としての「コスト・リーダーシップ戦略」「差別化戦略」「集中戦略」のいわゆる"競争戦略"を提起したのである．

しかしながら，こうした一連の作業が，戦略スタッフ依存型の経営姿勢の醸成をもたらすとともに，経営戦略の構築作業における「戦略プランニング」と「戦略プログラミング」との混同をもたらすとともに，いわゆる"分析マヒ"状態に陥るといった弊害をもたらすことが多いことが指摘されてきた．こうした背景として，アメリカを中心とする経営戦略スタッフ育成を目的とした教育プログラムの整備に対する過度の期待が存在してきたことも指摘することができる．いわゆるビジネススクールから輩出されるMBAを中心とする知識体系への傾斜という弊害の現実化である．

また，分析に基づく経営戦略の構築は，どうしても過去のデータや経験に対する分析を中心としがちであるため，"後ろ向き"の経営に傾かざるをえないという問題をはらんでおり，こうしたことが次第に分析型経営戦略の妥当性を問いなおす機会となるとともに，つぎなる「プロセス型経営戦略」への転換をもたらすこととなった．

(3) プロセス型経営戦略

経営の指向性を取り巻く環境に対する分析ならびに，保有する経営資源に関する分析から導き出そうとする分析型経営戦略への批判を受けて，新たに登場してきたのがプロセス型経営戦略である．

これは，経営戦略自体を組織内でのプロセスとしてとらえることにより，組織が保有する経営資源をもとに，自らの成長ベクトルを模索，創出していくものとする考え方を意味する．

個々の企業には，それぞれ固有の経営資源を有しており，それが価値の高いものであると同時に，他社によって模倣困難なものであればあるほど持続的な

競争優位の構築が可能となり,いわゆるコア・コンピタンスとよばれるような独自の要因に支えられた経営が可能となる.

それまでの中心的なアプローチであった分析型経営戦略が企業,市場ならびに業界構造に関する詳細な分析に基づくポジショニングの重要性と,そのことによる競争優位性の構築を示唆しているのに対し,プロセス型経営戦略は,個々の企業が保有する経営資源の独自性や特殊性,さらには差別化の度合いにおける重要性に着目し,そうした差異がもたらす価値および模倣困難性が持続的な競争優位性の構築を可能とし,このことによって持続する安定的な利益が当該企業にもたらされると説くものである.いわば"無い袖(=経営資源)は振れない"に類するロジックに基づく戦略論ということができよう.

このように,最近の経営戦略論は分析型経営戦略とプロセス型経営戦略の2つの考え方を基盤にしつつ展開されているが,今後はさらに新たな要素が加わってくるものと思われる.それが「企業の社会性」という新たな要素である.

2. 対境体としての企業への変貌と戦略

最近の経営課題の中でも,とりわけ関心を高めてきているのが「企業の社会性」である.

対境体としての企業が,社会に対して果たすべき諸活動の重要性については,すでに多くの言及が行われてきているが,従来のそのほとんどは企業の経営行動または企業行動から発生する諸結果に対する責任の行使に関するものであったといえる.いわゆる企業の社会的責任としての議論である.

企業が社会的責任を行使することの是非については,いまさら肯定論以外に新たな議論を必要としないことはいうまでもないことであるが,今後は広範な社会的貢献活動も含めた広義の社会性というものが,個々の企業活動に求められてくることは必至のことと思われる.

企業に求められる社会的責任については,その社会的という範囲がまず問題とされる.社会というきわめて広範な領域において企業が関連する領域を明確

化することは，対境体としての企業のすがたを明らかにするうえにおいても重要なことである．企業にとっての社会的責任の領域については，① 企業倫理および責任領域，すなわち社会的存在としての企業がその経営活動を行ううえにおいて遵守すべき関連法規および行使すべき責任を主たる内容とする領域，② 社会的責任および社会的貢献に肯定的かつ積極的な企業に対する投資支援傾向を受けての投資環境としての領域，③ 革新的企業活動を通じた環境創造および社会貢献領域，の３つの領域が今後ますます重要となってくるものと考えられる．

いま一度，企業の本質的な目的を「利益の追求」とするならば，利益（P）とは「売上（S）」から「コスト（C）」を差し引いたもの，すなわち「$P = S - C$」と見なされてきた．この売上（場合によっては価格）については，供給側である企業が決定するか，受け手側である市場（消費者）が決定するかについては古くから議論の分かれるところであるが，WTP（Willingness To Pay：顧客が支払ってもよいと思う程度）という解釈を与えるならば，「$P = WTP - C$」ということになる．そして企業の目的である利益をより拡大させようとするならば，「WTP」の部分を大きくするか，もしくは「C」の部分を減少させるか，場合によってはその両方を実現させるかのいずれかの対処が必要となってくる（楠木，2005：40-49）．

図表４－２　企業の本質的な目的

$P = WTP - C$
P ……利益
WTP…顧客が支払ってもよいと思う程度
C ……コスト

しかし今後の企業経営を鑑みたときには，はたして「WTP」や「C」だけの問題ではないようにも思われる．すなわち，そこには新しい要因としての社会性（CSR）が不可欠の要因として浮上してくるものと考えられる．企業が社会

に対して行使すべき責任，貢献，寄与といった行動の有無および是非がその後の企業の経営の進展を決定づけるともいえうるのでる．この「P =（WTP - C）× CSR」という考え方に基づけば，いくら「WTP - C」の部分がプラスであっても，「CSR」がマイナスであれば，企業にとってのPは結果的にマイナスとならざるをえない．この企業にとっての社会性という要因が単にプラスマイナスの関係ではなく，その全般に対して大きく影響してくるという点において見逃すことのできない要因とされ，ゆえにこれからの戦略的経営という点においては，この企業の社会性という視点からの展開が不可欠とされてくるのである．

図表４－３　これからの企業の目的

$$P = (WTP - C) \times CSR$$
CSR…社会性

今後の経営戦略の策定においては，
① 社会的責任および社会的貢献の具体的なプログラム策定を内容とする経営戦略の策定
② 投資家（機関）を対象とした企業経営関連情報の開示と，社会的経営活動状況の開示を内容とする経営戦略の策定
③ 当該企業の企業理念への社会的価値創造項目の反映および，その存在的意義と社会的存在意義との融合を内容とする経営戦略の策定に対しての働きかけ

がきわめて重要となってくるのである．

「企業とはなにか」，「企業とはだれのものか」，「利益とはなにか」といった企業経営に関する本質的な問題への回帰的接近があらためて求められる中で，こうした原点に立脚した経営戦略の策定が求められるのであり，「企業成長のための戦略」から「企業間競争のための戦略」を経た現在，「社会のための経営戦略」が求められているのである．

第4章 経営戦略論の展望

演・習・問・題

問1 1960年代以降の経営戦略論の変遷について説明しなさい．
問2 分析マヒ症候群について説明しなさい．
問3 これからの経営戦略には，社会に対する配慮が不可欠とされる理由について説明しなさい．

参考文献

株式会社グロービス（1995）『MBAマネジメント・ブック』ダイヤモンド社
楠木建（2005）「競争戦略」『AERA Mook　新版　経営学わかる』朝日新聞社

《推薦図書》

1. Besanko, D., Dranove, D. and M. Shanley (2000) *Economics of Strategy*, 2nd ed., John Wiley & Sons, Inc.（奥村昭博・大林厚臣監訳『戦略の経済学』ダイヤモンド社，2002年）
    経営戦略と戦略的経営を経済学のアプローチにより分析．
2. Barney, J. B. (2002) *Gaining and Sustaining Competitive Advantage*, 2nd ed., Pearson Education, Inc.（岡田正大訳『企業戦略論（上・中・下）』ダイヤモンド社，2003年）
    資源ベース論のテキスト的存在．最先端の戦略論として必読の大著．
3. Milgrom, P. and J. Roberts (1992) *Economics, Organization & Management*, Prentice Hall.（奥野正寛ほか訳『組織の経済学』NTT出版，1997年）
    経営学と経済学との新しいコラボレーションを試みた歴史的研究．

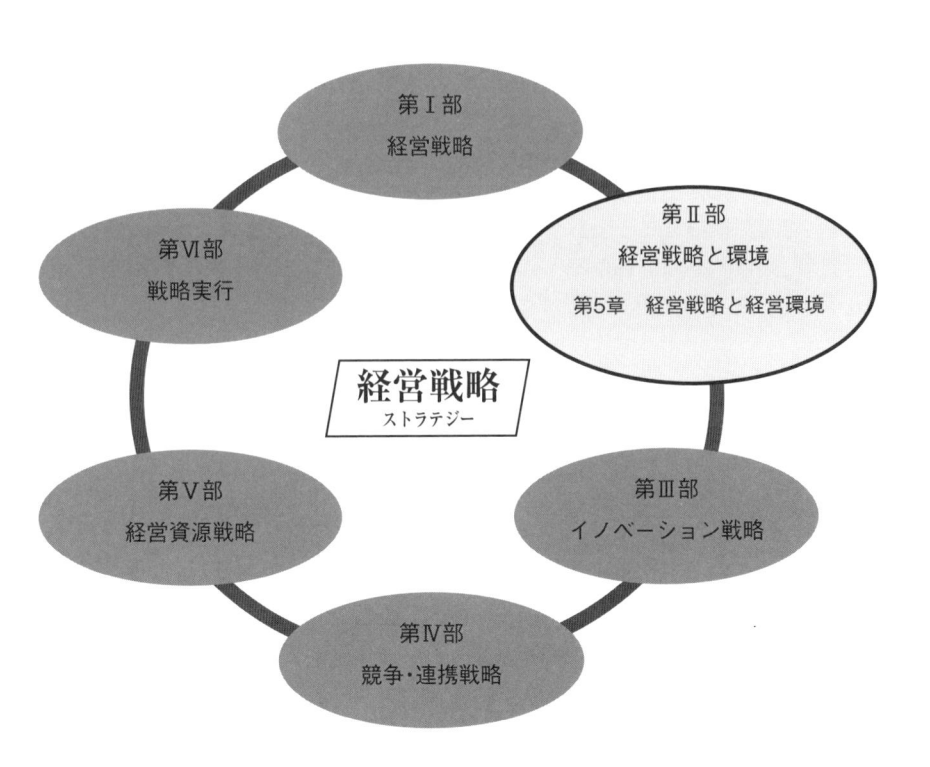

第Ⅱ部
経営戦略と環境

- 第Ⅰ部 経営戦略
- 第Ⅱ部 経営戦略と環境
  - 第5章 経営戦略と経営環境
- 第Ⅲ部 イノベーション戦略
- 第Ⅳ部 競争・連携戦略
- 第Ⅴ部 経営資源戦略
- 第Ⅵ部 戦略実行

経営戦略
ストラテジー

第5章の要約

　オープン・システムである組織は，環境から影響を受けるとともに，環境に影響を与えながら，存続していく．規制がなくなったり，ライバルが現われたりと，環境は変化するものである．規則やマニュアルがあり，知識や経験が蓄積された組織は変化を嫌うものである．性質の異なる環境と組織のはざまに戦略がある．環境─戦略─組織の関係を理解することは，戦略の本質に近づくことになる．

　本章において，まず，環境の種類（一般環境とタスク環境）や特徴（複雑性と変化性）が説明される．複雑に絡み合い，とらえどころのない環境を1つひとつ解きほぐしていこう．戦略を構築するうえで避けることのできない環境の分析を環境の機会と脅威および強みと弱みを組み合わせた手法を通じて理解していく．

　そして，環境─戦略─組織という関係において，分析型戦略論とプロセス型戦略論という異なる考え方があることを紹介する．戦略の策定と実行，戦略と組織の関係，情報の処理と創造，環境創造など，両者をいくつかの視点から比較することで，環境と組織のインターフェースとしての戦略の問題が浮き彫りにされる．

第5章 経営戦略と経営環境

1. 企業の境界（経営環境）

(1) 環境とはなにか

　経営環境の変化に合わせて経営資源を効果的かつ効率的に展開していくことが経営戦略の要諦である．そもそも経営戦略が議論されるようになったゆえんは，組織を取り巻く環境が昔と比べて格段に複雑に絡み合いかつ変化に富むようになったからである．ここでの経営環境とは，組織を取り巻く外界の一部で，組織との相互作用を通じて，組織の行動に影響を与える要素の集合といった意味である．

　ただし，環境は，必ずしも組織の外界にあるとは限らないことに注意しなければならない．外部環境に対して，経営資源を強みと弱みを形成する内部環境とよぶ場合もある．外部環境は，機会と脅威をもたらし，内部環境は，強みと弱みを形成する．ここでは，断りがない限り，外部環境を経営環境として論を進めることとする．

(2) オープン・システムとクローズド・システム

　組織と環境の関係を検討するうえで，考え方が2通りある．ひとつは，組織は環境から投入物（インプット）を得て，これを変換して，環境に産出物（アウトプット）として放出するというものである．組織は環境に開かれたものであり，組織は環境から影響を受け，逆に環境に影響を与える．これをオープン・システムとよぶ．オープン・システムの考え方によれば，組織は環境の変化にいかに適応していくかが課題となる．

　オープン・システムと対峙するのが，クローズド・システムである．クローズド・システムは，組織は環境に閉じられており，環境に左右されない存在である．クローズド・システムの考え方によれば，外部よりも内部に関心が向けられ，内部をやりくりすることでいかに効率よく運営するかが課題となる．組

織を取り巻く外界の一部で，組織との相互作用を通じて，組織の行動に影響を与える要素の集合という環境の定義は，オープン・システムの考え方に拠ったものであることが理解できよう．

(3) 環境の種類

環境は，タスク環境と一般環境に大別される．オープン・システムの考え方によれば，組織は環境と相互作用する．組織に直接的に影響を与える環境の部分をタスク環境（ミクロ環境）という．対して，タスク環境のバックグラウンドとして間接的に組織に影響を与えるのが一般環境（マクロ環境）である．組織は環境から影響を受けているだけではなく，環境に影響を与えているが，タスク環境は一般環境に比べて，影響を与えやすく，コントロールする余地がある．

タスク環境としてまず労働市場，株式市場，原材料市場，製品・サービス市場があげられよう．また，各々の市場にまつわる個人や団体もタスク環境である．具体的には，労働者や労働組合，株主や投資家，サプライヤー，消費者，競争相手などである．さらに，関連技術や施設・機械・道具，インフラや立地，規制や補助，流行やマスコミなどは，一般環境と区別しにくいものであるが，組織が影響を受けるとともに与えるという意味でタスク環境である．

一般環境には経済，政治，自然，技術，社会などの環境がある．

① 経済環境は，国民所得や物価水準，国際収支などである．経済環境は市場の動向に多大な影響をもたらす．

② 政治環境は，政治状況や法律体系，規制や補助などである．規制や補助には直接，組織の活動に影響を与えるものもあれば，技術環境など別の環境要素に影響を与え，間接的に組織の活動に影響を与えるものもある．前者がタスク環境，後者が一般環境である．なかでもグローバル戦略を展開する場合，相手国の政治環境には配慮しなければならない．

③ 自然環境は，地理的条件や天然資源などである．地理的条件はインフラや立地といったタスク環境と密接な関係がある．

④ 技術環境は，最新技術や特許状況などである．環境技術など組織の活動に関連がないような技術であったとしても，間接的に組織の活動に影響を与えることがあるため，見逃すわけにはいかない．

⑤ 社会環境は，文化や制度である．習慣や価値，規範の変化が，政治環境といった一般環境，流行やマスコミといったタスク環境に反映される．人口や年齢などの統計も必要となる．

これらタスク環境と一般環境が複雑に絡み合って，まさにうねりながら，組織に機会と脅威をもたらす．こうした環境を分析し，変化を予測するのは困難である．一般環境については，考慮すべきことがあまりにたくさんあるため，混乱してしまう．取捨選択が必要となる．代表的なものにはPEST分析がある．

PEST分析とは，政治的要因（Politics），経済的要因（Economic），社会的要因（Social），そして技術的要因（Technology）に焦点を絞って一般環境をとらえようとするものである．具体的に政治的要因は，税制改革といった法や制度，政府や団体の動向を，経済的要因は，景気動向といった物価・為替・金利の動向を，社会的要因は，少子高齢化といった人口構成・世論・意識の動向を，技術的要因は，インターネットの普及といった技術革新や特許の動向を各々内容とする．

(4) 環境の特徴（不確実性）

環境について情報処理という視点からとらえると，不確実性という問題が出てくる．組織は適切な意思決定をするために，情報を収集し，分析し，処理しなければならない．処理しきれない情報が一気に押し寄せてしまうと，適切な意思決定ができなくなってしまう．ここに不確実性とは，環境について意思決定者が十分な情報をもっておらず，環境の変化を予測できない状態に陥っていることを意味する．ダンカン（Duncan, R. B.）によれば，以下のように，不確実性は複雑性と変化性の関数であるという（Duncan, 1972）．

複雑性とは，環境の要素が単純であるか，複雑であるかの問題である．似

通っていない(異質な)環境の要素が数多くあり,複雑に絡み合っていればいるほど,複雑性が上がる.また,変化性とは,環境の要素が安定しているか,不安定かの問題である.環境の要素が不意に変化し,予測がつかない場合,変化性が上がる.

複雑性と変化性を掛け合わせ,① 環境が単純で安定している場合,不確実性は低い.環境の要素が少なく,類似しており,変化しないかあるいはゆるやかに変化している.② 環境が複雑で安定している場合,不確実性は低・中程度である.環境の要素が多く,異なったものであるが,変化しないかあるいはゆるやかに変化している.③ 環境が単純で不安定な場合,不確実性は中・高程度である.環境の要素が少なく,類似しているが,頻繁に変化し,予測がつきにくい.④ 環境が複雑で不安定な場合,不確実性は高い.環境の要素が多く,

図表5-1 不確実性

		環境の複雑性	
		単 純	複 雑
環境の変化性	安定	不確実性は低い 1. 外部要素は少なく,各要素は類似する 2. 要素は同じ状態にあるか,変化してもゆるやか	不確実性は低・中度 1. 外部要素は多く,各要素は異なる 2. 要素は同じ状態にあるか,変化してもゆるやか
	不安定	不確実性は中・高度 1. 外部要素は少なく,各要素は類似する 2. 要素は頻繁に変化し,予測しにくい	不確実性は高い 1. 外部要素は多く,各要素は異なる 2. 要素は頻繁に変化し,予測しにくい

出所)Daft, R. L., 邦訳(2002:99)

異なったものであり，頻繁に変化し，予測がつきにくい．

　業界によって，確実性が異なる．読者もさまざまな業界について不確実性を検討してほしい．不確実性が高ければ高いほど，既存の規則や手続きが通用しなくなる．既存の権限と責任の関係では対応できなくなる，いきおい部門と部門に違いが生じてくる（分化という）．さらにコミュニケーションなど部門と部門を調整する必要が高まる（統合という）．

2. SWOT 分析

　タスク環境の分析について触れておこう．タスク環境の分析については，ポーターによる競争要因の分析（新規参入業者の参入，代替品の脅威，買い手の交渉力，売り手の交渉力，現在の競争業者の敵対関係）などが有名であるが，ここでは，SWOT 分析について検討することにしよう．

　SWOT 分析とは，内部環境が形成する強み（Strengths）と弱み（Weaknesses）および外部環境がもたらす機会（Opportunities）と脅威（Threats）を洗い出し，経営戦略の中核をなす成功要因（Key Factors for Success）を導き出すものである．

　内部環境について検討すべき項目は，人的資源，物的資源，財務的資源，情報的資源を対象にして，組織の構造や文化，技術や特許，ノウハウやブランド，施設や設備，品質やコストなどである．リストアップされた内部環境の中で，好影響をもたらすものと，悪影響をもたらすものを分ける．前者が「強み」であり，後者が弱みである．

　外部環境について検討すべき項目は，市場の動向，顧客の動向，技術の動向，競争者の動向，協力者の動向，規制や補助の動向などである．タスク環境の分析であるが，もちろんタスク環境に影響を及ぼす一般環境も考慮しておかなければならない．リストアップされた外部環境の中で，好影響をもたらすものが，機会であり，悪影響をもたらすものが，脅威である．

　さらに，一歩進めて，外部環境の機会・脅威と内部環境の強み・弱みを組み

合わせてみよう（図表5－2参照）．

　①　機会と強みの組み合わせは，資源を集中させ，積極的に攻勢をかけ，競争優位を獲得あるいは拡大できる領域である．強みは，簡単に真似のできないスキルや技術という点で，コア・コンピタンスということができよう．ノートブック・パソコンだけではなく，デスクトップ・パソコンにも，さらにテレビにおいてもシャープのコア・コンピタンスにあたる液晶技術は競争優位を獲得している．

　②　脅威と強みの組み合わせは，脅威を回避するために資源を活用したり，資源が活用できる機会を探索することが求められる領域である．強みをいかして脅威を回避することが必要である．ソニーはパソコン業界では後発である．ソニーは，バイオノートでパソコン業界に参入する．バイオノートの特徴は，なんといっても小さく，薄く，軽かった．色も黒や白，グレーではなく，紫（バイオカラー）であり，デザインもすぐれている．また，ソフトウェアについても，オーディオ・ビジュアル機能を追求したものであった．まさに，ソニーらしさを満載したノートブック・パソコンである．ウォークマンなどで培ってきたコア・コンピタンスがパソコン業界でも花開いたのである．

　③　機会と弱みの組み合わせは，資源の蓄積あるいはアウトソーシングなど外部の資源の利用を検討すべき領域である．機会をいかして弱みを克服することが必要である．金型部品やFA部品を取り扱っているミスミには最初，金型に関する知識をもっている者は皆無だったという．知識がないゆえに，ユーザーに金型のことを一から十まで聞いて，ユーザーのニーズを集め，従来の常識にとらわれない商品を企画・開発するという購買代理店の原形ができたという．

　④　脅威と弱みの組み合わせは，最悪の事態にならないようリスクを軽減する，あるいは撤退を英断すべき領域である．IBMは，パソコン事業を中国のパソコン最大手，聯想集団に売却する．パソコン事業に出遅れたものの，IBMはインテルやマイクロソフトとともにパソコン業界を牽引してきた．コモディ

図表5-2 SWOT分析

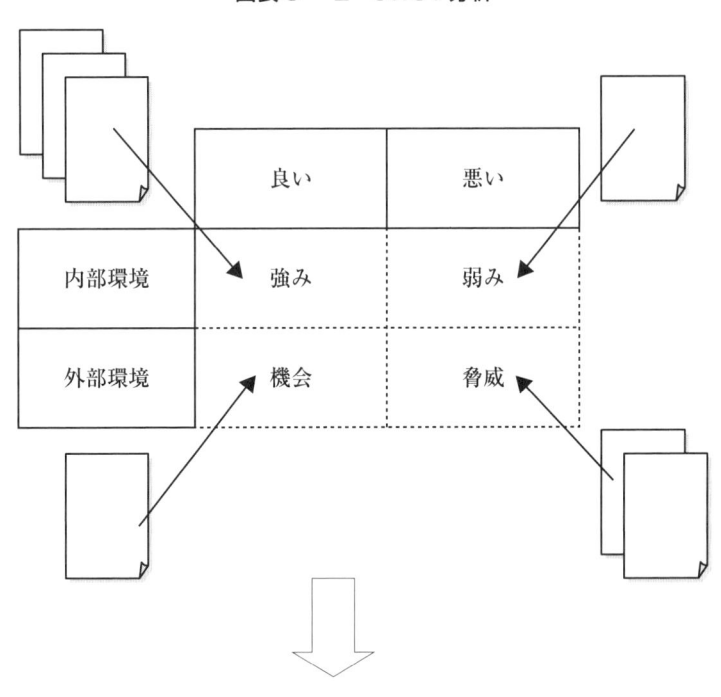

	良い	悪い
内部環境	強み	弱み
外部環境	機会	脅威

⬇

	機会	脅威
強み	積極的な攻撃，競争優位の獲得	強みをいかして脅威の回避
弱み	資源の蓄積あるいは外部資源の利用	リスク軽減あるいは撤退

ティー化が進むにつれてパソコンに求められるものが機能から価格に移り，デルやヒューレット・パッカードにシェアを奪われた．さらにIBMの強みである問題解決というサービスがもはやパソコン事業では実現できなくなってきたのである．パソコン事業については強みが強みではなくなったのである．

注意しなければならないことは，規制が緩和されるという機会が参入を容易にするという脅威になることである．また，強みが弱みになることもある．キリンビールは熱殺菌をしたラガービールで一世を風靡したが，アサヒビールによるドラフトビールで牙城を崩され，シェアを逆転されてしまう．ラガービールがあるため，なかなかドラフトビールで巻き返せなかった．

3. 創発戦略

(1) 環境と戦略の関係

戦略は環境と組織の境界にある．環境―戦略―組織が適合すれば，業績が上がり，適合に失敗すれば業績が下がる．この考え方は，コンティンジェンシー理論によるものである．コンティンジェンシー理論は，しばしば状況適合理論と訳されるように，環境という状況の違いに応じて，有効な組織が違うというものである．環境が複雑になればなるほど，あるいは環境が変化すればするほど，機械的組織よりも有機的組織が有効となる．

コンティンジェンシー理論によれば，環境によってあるべき組織が決まるという．環境を独立変数，組織を従属変数とする考え方は，意思決定者の選択を無視していると批判を受けることがある．意思決定者は主体的に環境を選択しているのであり，環境によって組織が右往左往するというみじめなものではない．

そもそも，戦略とは意思決定者による主体的な環境の選択を意味しているのではなかろうか．経営戦略の中核をなすのは，将来にかけて相互作用する環境を活動領域として限定するドメインの定義であったはずだ．環境の変化を予測することは難しい．また，資源の蓄積も思い通りになるとは限らない．し

がって，戦略についてさまざまなオプションを用意しておかなければならないし，思い切って戦略を転換することも必要になるだろう．しかし，戦略によって組織が環境に振り回されるパーセントは減ることは事実である．

意思決定者は，製品・市場の領域を選択する，投入した資源を製品・サービスとして産出する技術を選択する，資源を配分し，蓄積するため，組織の構造や過程を選択する．マイルズとスノー (Miles, R. E. and C. C. Snow, 1978) は各々，企業者的問題，技術的問題，管理者的問題とよび，これらの組み合わせにパターンがあることを発見した．環境適応パターンとよばれるものには，① 防衛型，② 探索型，③ 分析型があるという．

① 防衛型は，狭い製品・市場の領域において，競争者から防御する．在庫管理などコストを削減する技術が選択され，効率性を重視する集権的な機能別組織構造が選択される．

② 探索型は，広い製品・市場の領域を選択し，製品・市場のチャンスを虎視眈々と狙い，開拓者として勇猛果敢に新製品・新市場に参入していく．創造性が重視され，さまざまな技術を柔軟に組み合わせようとする．分権的な製品別組織構造が選択される．

③ 分析型は，既存分野で防衛しながら，新規分野に参入するため，安定と変化の複合した製品・市場の領域を選択する．新規分野では探索型の模倣者となることが多い．技術的問題や管理的問題において効率性と創造性が同時に求められる．コストを削減する技術と柔軟に組み合わせられる技術を併せもち，機能別組織と製品別組織を組み合わせたマトリクス組織が選択される．

意思決定者は，主体的に環境適応パターンを選択することになる．注意すべきことは，環境から選択がはじまるだけではなく，技術から選択がはじまることもあれば，組織から選択がはじまることもある，ということである．次第にパターンが意思決定者の頭の中で形成されていくのである．

実は，戦略が前もって練られたものだけではなく，偶然の中から戦略がみえてくることがある．有名なのは付箋紙であろう．付箋紙が強力な接着剤を作ろ

うとして誤って作ってしまったことから派生した商品であることは有名である．強力な接着剤を作ろうとして，非常に弱くてすぐに剥がれてしまう接着剤を作ってしまったのである．重要なことは，意思決定者がすぐ剥がれてしまう接着剤を使った付箋紙をとりあげて商品化できるかどうかである．日常業務の中に戦略の素材は転がっているのである．意思決定者は，戦略を創造するばかりではなく，いろいろな組織行動の中に戦略を発見するのである．

(2) 分析型戦略論とプロセス型戦略論

戦略の研究において分析型戦略論とプロセス型戦略論の2つの潮流がある．戦略に対する考え方の違いは戦略を理解する上で参考になる．

分析型戦略論における戦略像は，環境がもたらす機会と脅威を分析し，資源がもつ強みと弱みを分析することによって，問題を抽出，問題を解決すべき代替案を列挙し，合理的な代替案を戦略として選択する，というものである．戦略が策定されると，実行がすみやかになされる．しかし，合理性を追求する分析型戦略論は，①効率が重視されがちになり，創造が軽視されてしまう（戦略的突出が捨て去られる），②環境が不安定な場合，分析そのものに限界がある，③問題解決ではなく，問題発見にこそ，戦略の妙味がある，④変革への抵抗，事なかれ主義といった組織の慣性を無視している，⑤策定と実行を切り離すため，構成員の創意工夫の余地がなく，動機づけされにくい，といった問題が指摘されている（奥村，1989）．

プロセス型戦略論における戦略像は，意図に基づいて形成される戦略だけではなく，意図なくしては，あるいは意図に反して現れてくる戦略も視野にいれて戦略を構築するものである．意思決定者が戦略コンセプトを練ることは必要である．ただ，コンセプトに命を吹き込むコンテントは，上層部だけではなく，中層部や下層部が試行錯誤の中で築き上げていく．何度も戦略コンテントは書き直されるかもしれない．戦略コンテントが書き直されると，戦略コンセプトが見直されるきっかけが生まれ，戦略コンセプトも上層部によって書き直され

図表５−３　分析型戦略論

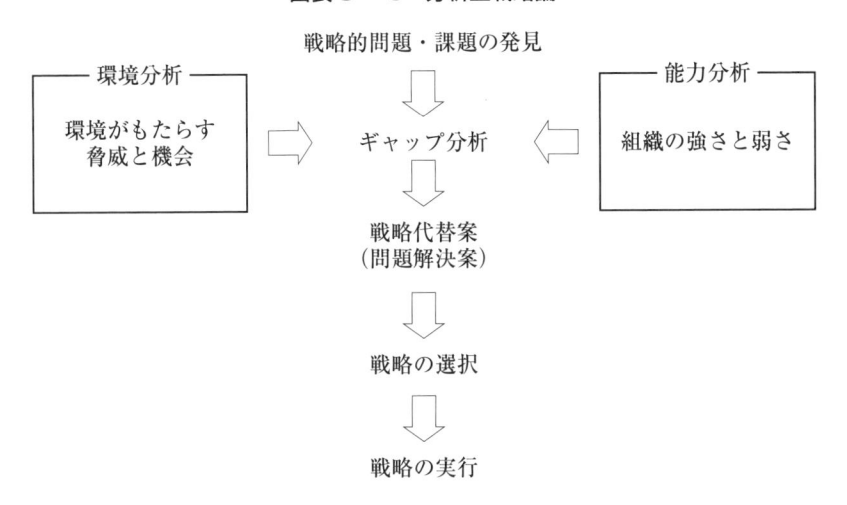

```
                    戦略的問題・課題の発見
  ┌─ 環境分析 ─┐           ↓            ┌─ 能力分析 ─┐
  │ 環境がもたらす │  ⇒  ギャップ分析  ⇐  │ 組織の強さと弱さ │
  │  脅威と機会  │                      │           │
  └─────────┘           ↓            └─────────┘
                     戦略代替案
                    (問題解決案)
                        ↓
                     戦略の選択
                        ↓
                     戦略の実行
```

ることもある．ミンツバーグ（Mintzberg, H.）は，明らかな意図なくして，あるいは意図に反して現れる戦略を創発的戦略とよび，計画的戦略とともに戦略策定のあるべき姿とした（Mintzberg, 1989）．

プロセス型戦略論における戦略について具体的にみていこう．奥村昭博によれば，プロセス型戦略論は，戦略意図，誘導戦略，戦略計画，創発戦略，戦略実現，戦略未実現，戦略学習という要素があるという（図表５−４参照）．

① 戦略意図とは，理念やビジョン（目的や意思）がトップによって構築されることである．② 誘導戦略とは，戦略意図を受けて，さまざまな戦略を誘発するようなドメインを決めることである．③ 戦略計画とは，誘導戦略に基づいて，論理的・分析的に戦略を形成することである．分析型戦略論の考え方が，プロセス型戦略論には包含されている．④ 創発戦略とは，戦略計画になかった偶発事態を戦略に取り込むことである．⑤ 実現戦略とは，創発戦略も含めて実現された戦略は誘導戦略へとフィードバックされ，さらなる誘発戦略が生まれる．そして，誘発戦略がさらなる創発戦略を生む引き金となる．⑥ 未実現戦略とは，戦略計画がさまざまな原因によって実現されない．失敗も誘

図表５－４　プロセス型戦略論

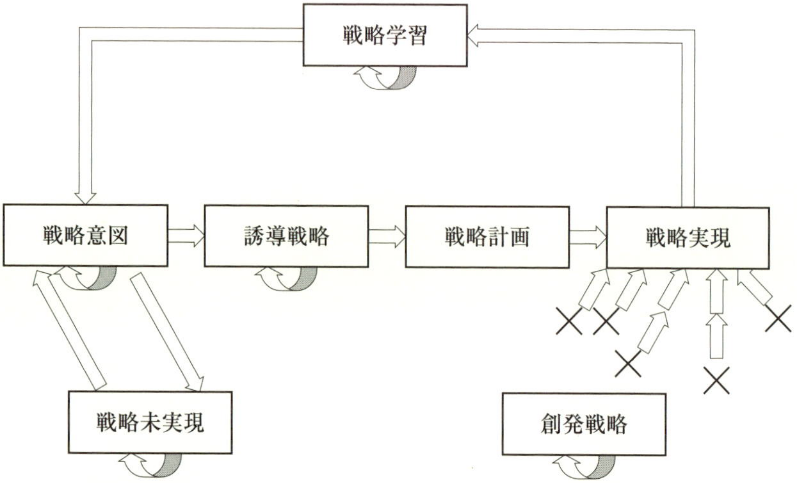
戦略学習
戦略意図
誘導戦略
戦略計画
戦略実現
戦略未実現
創発戦略

出所）奥村（1989：148）

発戦略へとフィードバックされる．⑦戦略学習とは，組織における知識の蓄積，さらに意識的な棄却の過程である．

(3) 環境の創造

分析型戦略論とプロセス型戦略論の比較からさまざまなことが理解されよう．

① 戦略の策定と実行

戦略と組織の関係は，分析型戦略論においては，戦略の策定と実行が区別され，組織は戦略を実行する道具である．戦略の策定者は組織の上層部であり，中層部や下層部は戦略の実行者である．プロセス型戦略論においては，戦略の策定と実行が区別されない．戦略の実行も策定も組織によってなされる．上層部と中層部や下層部のあいだで，オープンな議論がされなければ，戦略のコンセプトとコンテントはばらばらになってしまい，誘発戦略から創発戦略が，創発戦略から誘発戦略は生まれないだろう．戦略学習は個人レベルでの学習あるいは学習棄却ではなく，組織レベルのものでなければならない．

② 戦略と組織の関係

戦略の策定と実行と関連することであるが，組織は戦略によって左右されるとともに，戦略は組織によって左右される．戦略が転換されると，既存の組織の構造・過程・文化では，問題に対応できなくなるおそれがある．自由裁量の余地を少なくして上司に権限を集中させるか，自由裁量の余地を多くして部下に権限を委譲するか，とるべき戦略によって違ってくるだろう．

しかし，戦略の転換に伴って，組織の構造・過程・文化をすぐに変えることができるかというと否である．組織の変革にはさまざまな不都合が生じるのが普通である．慣れ親しんだ手順が使えなくなる，蓄積したノウハウが役に立たなくなる，努力してつかんだ地位がなくなるなど，誰でも変革には足がすくむ．なかでも，文化は手ごわい．タテマエがいくら変わっても本音は変わらない．さらに，意識にものぼらなくなった暗黙的な価値はなかなか変えられない．

したがって，転換された戦略は，実行されず絵に描いた餅になってしまうこともある．戦略は組織によって左右されることとなる．したがって，戦略の策定と実行を区別せず，組織の上層部から下層部に至るさまざまな段階で，策定から実行まで議論を交えながら進めていくことによって，抵抗もやわらげられ，組織の構造・過程・文化を変えることも容易となる．

③ 情報処理と情報創造

環境は複雑であり，変化するものであるが，組織は違う．組織は単純を好み，変化を嫌う性質がある．性質が違う環境と組織の間にあって，戦略はフィルターとして機能する．組織を取り巻く環境から処理しきれないくらい情報が舞い込んでくる．組織は戦略によって処理すべき情報を削減するのである．あるいは情報を処理する能力を向上させるために，権限の委譲など組織の構造，過程，文化に工夫をこらすことになる．分析型戦略論は情報処理モデルを前提にしていると考えられる．

わからないことがつぎからつぎへと起こる場合には，情報を処理してすっきりさせようとするのではなく，ああでもないこうでもないと議論して，種々雑

多な思考や行動が飛び交う方がうまく対応できるという考えがある（野中,1990）．環境に対して受動的になるのではなく，能動的になるのである．むしろ，環境に働きかけて変化を呼び起こしていくようなことである．情報処理に対する情報創造というものである．プロセス型戦略論は情報創造モデルが前提となる．

④　環境分析と環境創造

分析型戦略論においては，意思決定者は戦略の策定において環境をより正確に分析しようとする．プロセス型戦略論においては，意思決定者は戦略の策定において，目的や意思を実現しようと環境を創造しようとする（加護野，2002）．

もちろん，環境は現実に存在する．しかし，意思決定者は，現実の環境を客観的に認識しているだろうか．よしんば環境を客観的に認識していたとしても，戦略の構築において目的や意思は介入しないだろうか．むしろ，意思決定者が認識する環境は主観的なものであり，思い込みやこだわりによって左右されるのではなかろうか．意思決定者によって構築された環境に基づいて，戦略が構築される．まさに環境の創造といえよう．意図されない戦略や実現されない戦略から思い込みやこだわりが消えて，まったく違った環境がみえて来るかもしれない．

演・習・問・題

問1　身近にある組織を取り巻く環境について列挙してみて，SWOT分析をしてみよう．
問2　機械的組織と有機的組織を比較して，違いを理解しよう．
問3　分析型戦略論とプロセス型戦略論を比較して，違いを理解しよう．

参考文献

Daft, R. L. (2001) *Essentials of Organization Theory & Design*, 2nd eds., South-Western College Publishing.（高木晴夫『組織の経営学—戦略と意思決定を支える』ダイヤモンド社，2002年）

Duncan, R. B. (1972) "Characteristics of Organizational Environment and Perceived Environmental Uncertainly," *Administrative Science Quarterly* 17：313-327.

Miles, R. E. and C. C. Snow (1978) *Organizational Strategy, Structure and Precess*, McGraw-Hill.（土屋守章・内野崇・中野工訳『戦略型経営―戦略選択の実践シナリオ』ダイヤモンド社，1983年）

Mintzberg, H. (1989) *Minzberg on Management*, New York, The Free Press.（北野利信訳『人間感覚のマネジメント―行き過ぎた合理主義への講義』ダイヤモンド社，1991年）

加護野忠男（2002）「組織の認識スタイルとしての環境決定論と主体的選択論」『組織科学』Vol. 36 No. 04：4-10

野中郁次郎（1990）『知識創造の経営―日本企業のエピステモロジー』日本経済新聞社

奥村昭博（1989）『経営学入門シリーズ 経営戦略』日本経済新聞社

―――《推薦図書》―――

1. Daft, R. L. (2001) *Essentials of Organization Theory & Design*, 2nd eds., South-Western College Publishing.（高木晴夫『組織の経営学―戦略と意思決定を支える』ダイヤモンド社，2002年）
    組織の視点から戦略を検討．戦略と組織の関係が明確に語られている．
2. 岸田民樹（1985）『経営組織と環境適応』三嶺書房
    コンティンジェンシー理論が整理されており，じっくり学べる．
3. 奥村昭博（1989）『経営学入門シリーズ 経営戦略』日本経済新聞社
    分析型戦略論とプロセス型戦略論がわかりやすく解説されている．
4. 野中郁次郎（1990）『知識創造の経営―日本企業のエピステモロジー』日本経済新聞社
    情報処理から情報創造へ．ナレッジ・マネジメントの原点となる著．
5. Miles, R. E. and C. C. Snow (1978) *Organizational Strategy, Structure and Precess*, McGraw-Hill.（土屋守章・内野崇・中野工訳『戦略型経営―戦略選択の実践シナリオ』ダイヤモンド社，1983年）
    戦略型経営の原点．付録の「これまでの理論と研究」は秀逸である．

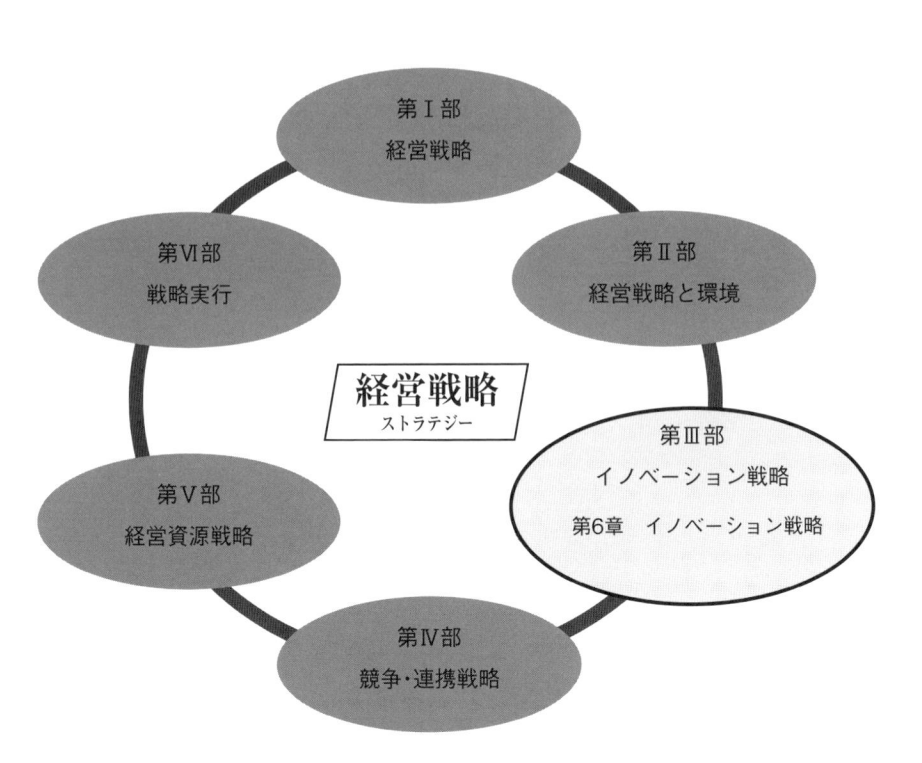

第Ⅲ部
イノベーション戦略

- 第Ⅰ部 経営戦略
- 第Ⅱ部 経営戦略と環境
- 第Ⅲ部 イノベーション戦略
  - 第6章 イノベーション戦略
- 第Ⅳ部 競争・連携戦略
- 第Ⅴ部 経営資源戦略
- 第Ⅵ部 戦略実行

経営戦略
ストラテジー

第6章の要約

　現代企業の戦略的経営をひも解くひとつの鍵となるものが「イノベーション：innovation」である．

　イノベーションの提言者であるJ．シュンペーター（Schumpeter, J. A.）は資本主義経済の動的不均衡を景気循環というかたちで解明するとともに，その主因を企業の活動に求めた．

　同じように，企業の進化を解くためには，企業の自律的変革活動としてのイノベーションに着目することが不可欠である．それは革新的な製品の開発であり，革新的な生産方法の開発であり，革新的なマーケティングの展開である．そしてなによりも重要なのはマネジメントそのものにおける革新が重要とされている．

　しかし企業がイノベーションに挑むとき，そこには意外な障壁が存在していることも事実である．「イノベーションのジレンマ」がまさにそれである．優良な経営を展開してきた企業ほどイノベーションに失敗するという衝撃的な事実もそこには存在している．

　企業とイノベーション，この不可分の問題について考えてみる．

第6章 イノベーション戦略

1. イノベーション

　現代の企業が戦略的経営を展開させていくうえにおいて重要なのがイノベーション（innovation）である．

　イノベーションとは経済学において発展してきた概念であり，のちに経営学に応用されてきた考え方である．イノベーションをはじめて概念化させるとともに，そのことにより経済の動態性を説いたのがシュンペーター（Schumpeter, J. A.）である．彼は経済学者として孤高な人生を歩んだことでも有名であり，そのことはとりもなおさず，彼の経済に対する姿勢と考え方が独自なものであったことを示している．そこで簡単に彼の考え方を整理しておくこととする．

　シュンペーターはオーストリア出身の経済学者で，彼の独自の考え方を記したのが歴史的名著『経済発展の理論』（1912）である．シュンペーターは資本主義経済における景気循環の原因の解明をはかる中で，企業の存在と，その行動が経済におよぼす波及的効果こそが経済変動としての景気循環の主因であるとした．とくに企業がその成長と発展の過程で展開させる創造的破壊（creative destruction）と，さらには生産諸要素の新結合（new combination）としてのイノベーションが経済にもたらす影響は大きく，その後の企業経営においてはイノベーションなくして企業の成長もありえないと示唆した．

　イノベーションとは直訳すると「革新」という意味であるが，シュンペーターはつぎの5つの具体的な内容から構成されるとした．

① 新しい財貨の生産．具体的には，いままで消費者の間で知られていない財貨やあるいは新しい品質の財貨の生産を意味する．

② 新しい生産方法の適用．当該産業部門において，いままで未知な生産方法の導入をはかることを意味する．ここでは決して科学的に新しい発見に基づく必要はなく，また商品の商業的取り扱いに関する新しい方法も含む．

③ 新しい販路の開拓．すなわち当該国の当該産業部門が従来参加していな

かった市場の開拓.ただしこの市場が既存のものであるかどうかは問わない.
④ 原料あるいは半製品の新しい供給源の獲得.この場合においても,この供給源が既存のものであるかどうか(単に見逃されていたのか,その獲得が不可能とみなされていたかを問わず),あるいは初めて創り出されねばならないかは問わない.
⑤ 新しい組織の実現,すなわち独占的地位(たとえばトラスト化)の形成あるいは独占の打破.

今日の企業経営におけるイノベーションは,プロダクト・イノベーション(product innovation:製品に関するイノベーション),プロセス・イノベーション(process innovation:生産製造方法に関するイノベーション),マネジメント・イノベーション(management innovation:経営およびその管理に関するイノベーション)をはじめとした広範におよぶものとして注目されてきており,

図表6-1 シュンペーター理論の構図

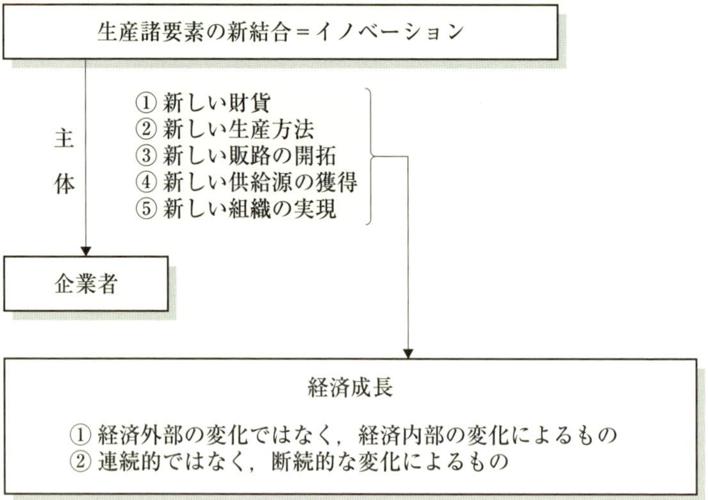

```
┌─────────────────────────────────┐
│  生産諸要素の新結合=イノベーション  │
└─────────────────────────────────┘
         │      ┌──────────────────┐
         │      │ ① 新しい財貨     │
   主    │      │ ② 新しい生産方法 │
         │      │ ③ 新しい販路の開拓│
   体    │      │ ④ 新しい供給源の獲得│
         │      │ ⑤ 新しい組織の実現│
         ▼      └──────────────────┘
  ┌──────────┐                    │
  │  企業者  │                    │
  └──────────┘                    │
                                  ▼
         ┌──────────────────────────────────┐
         │            経済成長                │
         │ ① 経済外部の変化ではなく,経済内部の │
         │   変化によるもの                   │
         │ ② 連続的ではなく,断続的な変化による │
         │   もの                             │
         └──────────────────────────────────┘
```

出所)岸川善光・谷井良・八杉哲(2004:33)

さらにはそれらのイノベーションをいかに戦略的に展開させていくかという，イノベーション・マネジメント（innovation management）へと関心が向けられてきている．

2. イノベーションと企業家精神

　企業による新基軸としてのイノベーションを考えたとき，その実行主体としての人的資源の問題が浮上してくる．一般的には，企業イノベーションの担い手としては「企業家」が想定される．

　企業家とはおおよそ18世紀初頭にヨーロッパにおいて登場した概念とされ，その後，広く一般的概念として用いられるようになった．

　元来，企業家とは冒険的，投機的行動を特徴とする存在を意味し，生産性の低い成果から生産性の高い成果へと，経営資源の配置をはかる者を意味した．その後，イノベーション概念の広がりとともに，今日では「企業家精神に裏打ちされた革新主体」として位置づけられるようになった．また，当初の企業の所有者（出資者）と経営者との2つの側面を要件とする考え方から，必ずしも所有を要件としないとする考え方の変化は，革新の担い手としての企業家の活動をかなり自由かつ拡大させることとなり，その結果として，企業家という概念を広義のものとするとともに，ある意味では，あいまいなものとすることとなったのである．

　さてここで問題となるのが「企業家精神」の解明である．これはあくまでも企業家が保有する精神的側面やいわゆる資質上の特徴をさすものであることからも，その実体の解明はかなり困難をきわめる作業といわざるをえない．企業家精神に関する研究の中でも主要なもののひとつとして，ハーバード大学のカオ（Kao, J., 1989：91）は，「事業機会の正確な見極め，事業機会に対する適切なリスク管理を通じて価値を創造することを試み，コミュニケーション手段，管理手段を通じて人的，物的，財務的資源を事業が機能するように動かす」主体を意味するとしている．また，吉森賢（1989）は，「① 既存企業，とりわけ

図表6-2　企業家と管理者の役割

	企　業　家	管　理　者
適 応 対 象	環境への適応	組織への適応
適 応 方 式	先行的適応	事後的適応
環 境 変 化	非連続的	連続的
役　　　割	戦略	管理
決 定 対 象	目的	手段
成 果 尺 度	有効性	効率性
目標の重点	成長，革新	安定性，収益性
決 定 領 域	新規事業への参入，既存事業からの撤退，大規模な技術革新，設備投資	生産性向上，生産技術改善，原価低減
危 険 負 担	個人的	組織的
必 要 分 野	成長産業，衰退産業	成熟生産，安定生産
業 界 環 境	不安定	安定

出所）吉森賢（1989：18）

　基幹・重要事業における大企業の最高経営者が，② 専門経営者として，企業の長期的利益と個人的威信，権力，利益を実現するために，③ 環境変化を見通して，危険を冒しつつ，戦略的革新を決定，実行する能力と意欲を有し，④ それらの結果に対する最終的責任をはたす勇気，自己責任，自助努力，自尊心，信条，行動」を意味するものとしている（図表6-2参照）．

　こうしたことからも，いま一度，企業家精神について整理すると，「組織への帰属を資格要件とはせず，ある特定の個人によって，将来の望ましくかつ実現可能な状況にいたるための新しい機会を追求するプロセスであり，その実行主体たる者が有する人的属性」と解されるものと思われる．

　しかしながら，現実的な問題としては，企業家精神を具体的にとらえること，または具体的な経営者等の事例に照らして理解することは，きわめて難しいことであり，果たしていかなる企業家が現実的に必要とされるかは，抽象的な理解にとどまらざるをえない．

　また，このような人的資源に関する属性は，その継続性の維持においても多くの課題を有しており，たとえば，企業イノベーションの担い手としての企業家およびそこに求められる資質としての企業家精神をいかに連係させていくか

が，きわめて重要な課題でもある．しかし，現実的にはそうした連係は難しく，ゆえに企業におけるイノベーションの難しさや，不連続性といった問題が存在することとなるのであろう．

今後は企業家精神および企業家といった人的資源をまさに資源ベースの戦略論の中においていままで以上に解明していくことが求められるともいえよう．

3. イノベーションと組織

イノベーションをいかにプログラム化し，その実現を促進させるかというイノベーションの戦略的マネジメントは，現代企業にとってのもっとも重要かつ戦略的課題のひとつとされ，そして，イノベーションの実現プロセスにおいて大きな影響をもつものに組織がある．

イノベーションと組織との関連性を明らかにするとき，そこには組織が有する性格（属性）との高い関連性があるとされる．イノベーションの実現には，有機的な組織のほうがイノベーションの源泉でもある革新性の醸成と想起という面において，無機的な組織よりも有効性が高いとされるが，実行プログラム化させ，実施させるのには無機的な組織のほうが適合性が高いことも検証されている．組織がその基本的特性として，またその形成プロセスの変化に対応して有機的組織と無機的組織に二分されることを通して，イノベーションと組織との関連性についての解明を試みたのがバーンズとストーカー（Burns, T. and G. M. Stalker）である．彼らによって，「分権的意思決定，水平的人格的相互作用，職務および規則の弾力性」といった諸特性を有する有機的組織のほうが，革新性の醸成および想起に対してきわめて高い有効性を有するのに対し，「集権的意思決定，垂直的服従関係，規則の明確性，職務の細分化」といった諸特性を有する無機的組織はイノベーションの実現を促進させるという特徴を有していることが明らかにされた（Burns, T. and G. M. Stalker, 1989：96-154）．

また，トンプソン（Thompson, V. A.）が官僚制的（単元支配的）組織のイノベーションに対する無効性を検証する一方で，ウイルソン（Wilson, J. Q.,

1980：190-191）は，組織の複雑性が増大するのに比例して，イノベーションの想起・提案比率は向上するが，その採用比率という面においては反比例して低下するという実態（「ウイルソンのジレンマ：Wilson's Dilemma」）を検証した．

しかし，現実の企業においては，イノベーションの実行プロセスに対応させるかたちで組織をマネジメントすることは非常に困難であるといえ，一部の企業事例にその手がかりを求めざるをえない状況にある．イノベーションに適合する創造的な組織をいかに構成するかという点においては，「創造的かつ革新的な強烈な企業理念」の存在や革新的なリーダーの存在，組織メンバーの創造的・革新的アクションを推進させるような環境の整備（たとえば，イノベーションを推進する企業文化の存在など），さらには，いわゆる「学習する組織」の構築などの諸方策が示唆されているが，これらから総括されることは，イノベーションに適合する組織要件の普遍化という作業はきわめて難しく，あくまでも個々の企業と，それらをとりまく環境的要素との複合関係の中で可能とされるものととらえることが現実的といえる．

こうしたなか，ミンツバーグは組織類型とイノベーションとの関係について，興味深い分析を行っている．それによれば，各組織類型とそこでのイノベーションとの関係については，つぎのとおりとされる（Tidd, et al., 邦訳，2004：378-379）．

① 単純な組織構造の場合

集権化した有機的な組織構造であり，ハイテク産業のスタートアップ段階に多くみられる単純な組織構造では，エネルギーと熱意（情熱）と企業家精神に富む特定の個人の存在が鍵となる．ただし，長期の安定性や成長性が乏しく，事業の方向性においても不安定とならざるをえない点が短所とされる．

② 機械的な官僚型組織構造の場合

集権化かつ機械的な組織構造であり，このような組織構造の場合におけるイノベーションは専門家集団に委ねられており，組織構造固有の安定性と技術的

能力の集約性に強みを有する一方で,環境の急激な変化に対する柔軟性が乏しい点に弱みを有している.

また専門家以外の人材と,そこから生ずるイノベーションの活用に限界を有している.

③ 事業部型組織構造

非集権的で有機的な組織構造であり,大規模型企業組織に典型的にみられる構造である.

組織全体に影響する研究開発もしくは基礎的研究開発は中央で行われる一方で,より応用的かつ個別的な研究開発は事業部で行われることによってイノベーションが実現される.特化した技術等における研究開発に優れる一方で,各事業部と中央との間に発生する分離感と,各事業部間におけるコンフリクトの発生が問題とされる.

④ 専門的な官僚型組織構造

分権化した機械的組織構造であり,比較的高い専門能力を有する.コンサルティング等にみられる構造であり,技術者などのプロフェッショナルを尊重する傾向の一方で,そうした個人のマネジメントを困難とさせている点に問題を有している.

⑤ 一時的組織構造

不安定かつ一時的な課題を解決するために設置されるプロジェクトタイプの組織構造を意味する.組織構造の存在期間が有限性であるために高い柔軟性を有している.いわゆる「スカンク・ワーク」とよばれる類いのものであるが,プロジェクトのマネジメント自体が必ずしも適切ではないという問題を有している.

⑥ ミッション型組織構造

共有された共通の価値観に基づく創発的組織であり,イノベーションに対する組織メンバーの使命感の高さゆえに,イノベーションの実現に有効性をもつ.しかし,価値観が先行し,ビジョンを有する特定の個人に傾注するがために,

図表6－3　ミンツバーグによる組織構造のひな形

組織の型	主要な特性	イノベーションに対する含意
単純な組織構造	集権化した有機的なタイプ——中央が管理するが、環境の変化には素早く対応することができる。通常は小企業であり、しばしば一個人に直接管理されている。組織は決定権限を持つ個人の意思に沿って設計され、管理されている。強みは、反応のスピードと目標の明確性である。弱みは、個人の判断の誤りや偏見に起因する脆弱性と、成長のための資源の制約である。	ハイテクのスタートアップ小企業、すなわち〈ガレージ・ビジネス〉は、しばしば単純な組織構造をとる。その強みはエネルギーと熱意と企業家精神である。単純な組織構造のイノベーティブな企業は、特に高い創造性を有している。弱みは、長期の安定性や成長性に乏しく、鍵となる人材に過度に依存していることであり、しかもこの人材の事業の方向性が常に正しいとは限らないことである。
機械的な官僚型	集権化し、機械的であり、システムによって集中管理される組織である。組織構造は複雑な機械のように設計され、人々は機械の歯車とみなされる。そのデザインには全体としての機能性と、容易かつ迅速な互換性が得られるレベルまでの部分の特化が強調される。この組織が成功するかどうかは、役割を単純化し、業務をルーティン化するための効率的なシステムの構築に依存している。このようなシステムの強みは、自動車の組み立てのように複雑で統合化されたプロセスを扱う能力を持つことである。弱みは、人間関係を希薄にしたり、柔軟性に欠けるシステムにさらに硬直性を加えたりする危険性を持っていることである。	機械的な官僚型におけるイノベーションは、専門家集団に託されており、それがシステム全体の設計にも反映されている。具体例として、ファースト・フード（マクドナルド）、大量生産（フォード）、大規模流通（セインズベリー〔Sainsbury's〕社）などがあげられる。それぞれ大きなイノベーションを起こしているが、イノベーションは専門家集団に集約されており、そのインパクトはシステムのレベルで現れる。機械的な官僚型の強みは、安定性であり、また、複雑な業務システムを設計するために技術的能力を集中させることである。一方弱みは、硬直的で急速な変化に直面したときの柔軟性が低いことであり、また、専門家以外の人材から生じるイノベーションの活用に限界があることである。
事業部型	非集権的で有機的な組織であり、局所的な環境に起因する課題に適した設計が行われている。大規模組織の典型的なモデルであり、専門化した半独立の部門を内包している。具体例としては、戦略的事業ユニットや事業部門があげられる。この形式の強みは、本体の支援を得ながら、特定のニッチ（地域、市場、製品など）に攻勢をかけられることである。弱みは、各部門と中央との内部的軋轢である。	ここでのイノベーションは、しばしば〈中核と周辺〉モデルに従う。すなわち、組織全体に関係する研究開発あるいは基盤的性格を有する研究開発は中央の施設で行われ、応用的で個別的なものは事業部で行われる。このモデルの強みは、特定のニッチにおける競争力の向上に注力することが可能であり、組織内の各部門から得られる知識の動員と共有が可能となることである。弱みは、中央から離れるほど、その研究開発成果を応用することが難しくなるという〈遠心分離効果〉と、知識共有を阻害する事業部門の軋轢や競合である。

図表6-3 ミンツバーグによる組織構造のひな形（つづき）

組織の型	主要な特性	イノベーションに対する含意
専門的な官僚型	分権化した機械的な組織であり，各個人が力を有しているが，規範に従い協調する．この種の組織は，比較的高い専門的能力を有する，コンサルタントや病院，法律事務所などの専門家チームがその典型である．管理の大半は，規範への同意（〈専門家意識〉）に基づくものであり，個人は高度な自治権を有する．このような組織の強みは，専門性の高いスキルをチームとして組織化することができることである．	この種の組織構造は，組織内外におけるデザイン活動や，イノベーションへのコンサルティング活動において典型的に見られる．正式な研究開発活動や IT あるいはエンジニアリング・グループなどが良い例であり，そこでは優秀な技術者あるいは専門家が尊重される．このモデルの強みは，技術的な能力とプロフェッショナルとしての高い基準である．弱みは，高い自立性と知力を備えた個人をマネージすることが難しいことである．
一時的組織型	一時的組織型は，不安定で複雑な課題に取り組むために設計されたプロジェクト・タイプの組織である．このような組織は，必ずしも長期間存続するものではないが，その代わりに高い柔軟性を提供してくれる．基本的には個人的な能力と，協調して働く能力を兼ね備えた個人からなるチームである．内部の規則や構造は最小限で，仕事をやり遂げることが優先される．このモデルの強みは，不確実性の高い仕事に対処することが可能で，かつ創造性を発揮することができる点である．弱みは，解消されない対立がある場合，効率的に協調して仕事ができないこと，そして公式の組織構造や規範がないため，管理ができないことである．	この形態は，イノベーションなプロジェクト・チーム，例えば新製品の開発や主要なプロセスの改善などにおいて，最も広く見られるものである．月面着陸プログラムにおける NASA のプロジェクト組織は，最も効率的な一時的組織の1つであった．注目すべきことにこの組織は，10年間のプログラムを通して変化し続ける不確定なプロジェクトの性格に対応するため，1年に1回は組織構造の変更を行っていた．この形態の強みは，高い創造性と柔軟性を有することであり，〈スカンク・ワークス〉・モデルと呼ぶ文献もある．一方，その弱みは，プロジェクトの管理がなされ，また組織全体に負担を強いながら，そのプロジェクトに過度に肩入れしてしまう場合があることである．
ミッション志向型	共有された共有の価値観がもととなる創発的な組織のモデルである．この種類の組織は，共通でしばしば利他的な目的を有するメンバーによって維持される．例えば，ボランティアや慈善団体などがあげられる．強みは，最終目標に対する視点を共有していることから，各人が献身的な貢献を行い，他者に依存しない高い率先能力を発揮することである．一方，弱みは，管理ができず，公式の拘束もできないことである．	使命感によって駆動されるイノベーションは，大きな成功を収める可能性があるものの，エネルギーと目的意識の明確化が必要である．全社的品質管理，あるいはその他の価値観主導型の組織原理の特性は，この種の組織と結びついており，外部よりも内部からの刺激に対応して，継続的な改善を追求する．このような組織の強みは，共通の目的が明確であり，各個人がその方向に向けて率先的に行動する原動力を持っていることにある．一方，弱みは，明確な目標を与えるビジョンを持った人物に過度に依存することであり，企業としての使命への関与が希薄になってしまうことである．

出所) Tidd, J., Bessant, J. and K. Pavitt, 邦訳（2004：378-379）

企業としての使命感が薄らいでしまう危険性を有している（図表6-3参照）．

　ミンツバーグはこうした組織構造上の特性とイノベーションとの関係における分析を通じて，イノベーションをマネジメントすることの重要な課題としての「特定の環境にもっとも適合した組織構造の採択」こそが肝要であることを示唆している．すなわち，組織とはあくまでも人工物であり，組織構成メンバーとの適合性を有する場合にもっとも高い革新性が期待できるとした．

　このように組織構造そのものが環境の変化に適応するかたちで変化・変容する中で，それを対象とするマネジメントのあり方も同時に変化・変容させる必要があり，対境体（環境に対する適合体）としての企業ゆえに，そこでのイノベーションに対するマネジメントも同じく対境的であることが不可欠なのである．

4. イノベーションのジレンマ

　企業がイノベーションを戦略的経営として展開させていくうえにおいて，興味深い現象が存在していることがときに指摘される．なかでも，いわゆる成功してきた優良企業ほどイノベーションに失敗するという事実が，クリステンセン（Christensen, C. M.）によって明らかにされている．

(1) イノベーションのジレンマ

　クリステンセンが代表的著書『イノベーションのジレンマ』(1997) において提起した概念に「イノベーションのジレンマ」がある．これは産業に時として発生する「破壊的技術」と，それによる「破壊的イノベーション」に対して，成功企業ほど捕そくおよび追従することができず，結果的にイノベーション競争において失敗するというものである．

　ここでいう「破壊的技術」とは，短期的には製品の品質を引き下げる効果をもちつつも，従来とはまったく異なる価値観を市場にもたらす技術であり，それによるイノベーションを意味する．この場合の技術と，その具体化された製

品は，どちらかというと従来品に比べて，シンプルな機能と合理性を備えており，従来品の支持層である消費者層というよりは，むしろ新しく登場してくる消費者層に支持される傾向にある．そのため，従来品の供給者である既存の優良企業がついつい見落としてしまう，正確には意図的に無視しがちとなる傾向をはらんでいる．従来からの優良企業が追求するのが「持続的技術」とよばれるものであり，これは製品の性質を高めるための技術である．ゆえに，主要市場の主要顧客層に支持されるのである．こうした製品性能の向上にたゆまぬ努力を払う点に優良企業の存在意義があるわけだが，市場をはじめとする経営環境が激しく変化する中で，時に現れるのが破壊的技術であり，それによる破壊的イノベーションなのである（図表6-4参照）．

この破壊的イノベーションを捕そくすることが企業にとってのイノベーションにほかならないのであるが，それが困難なことこそが，まさに「イノベーションのジレンマ」なのである．言い換えれば，製品，技術，市場（顧客），既成事実の呪縛に陥ってしまうことこそが，企業のイノベーションを不可能に

図表6-4　持続的イノベーションと破壊的イノベーションの影響

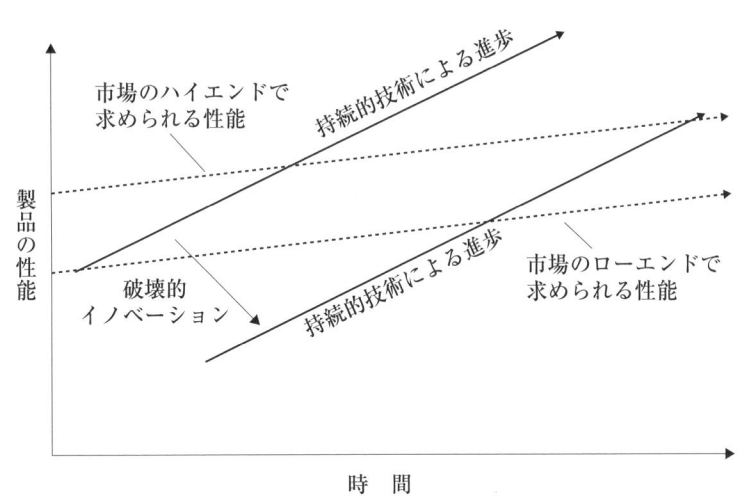

出所）Christensen, C. M., 邦訳（2001：10）

(2) イノベーションのジレンマの克服

イノベーションのジレンマに陥らないために，またいったん陥ってしまった企業が，そのジレンマを克服させるためには，どのようにすればよいのであろうか．この点について，クリステンセンは成功している企業の事例から，つぎのように解いている．

破壊的技術に対して成功した経営者は，つぎの点でつねに注意を払ってきている（Christensen, 邦訳, 2001：145-146）.

① 破壊的技術を開発し，商品化するプロジェクトを，それを必要とする顧客を有する組織に組み込むこと．
② 破壊的技術の開発プロジェクトを小さな組織にゆだねること．
③ 破壊的技術の市場を探る過程での犠牲を最小限にとどめること．
④ 破壊的技術への取り組みにおいては，主流組織のプロセスや価値基準を利用しないこと．
⑤ 破壊的技術の商品化は，その特徴が評価される新しい市場を発見するか，開拓すること．

優良企業ほどイノベーションに失敗するという，センセーショナルな研究結果が意味することは，イノベーションの難しさ以上に，過去の成功という経験が，その後の企業にとってのイノベーションに対する阻害要因となることであり，このことからもシュンペーターが示唆した「創造的破壊」の重要性を再認識することになるのである．

5. イノベーションのマネジメント

企業がイノベーションを実現する以上に重要かつ困難な課題に，イノベーションのマネジメントがある．

イノベーションが技術面における革新としてとらえられていた頃においては，技術および技術者を管理の対象とすること自体が少なかったが，いまでは

MOT（Management Of Technology）としての技術の管理が企業にとっての戦略的課題のひとつとされるように，イノベーションをどのようにマネジメントするかは，きわめて重要かつ戦略的な課題とされる．

　イノベーションのマネジメントを考える場合，なによりも重要とされるのは，そのための環境設定であり，ときにそれは組織の問題であったり，企業家をはじめとする人的資源の問題であったりする．事実，もっともイノベーティブであるとされる企業例をみる限りにおいては，イノベーションの創出を促進するような戦略的組織づくりの例や，強烈な企業ミッションとパッションに裏打ちされる特定の人的資源（企業家）の存在例などが報告されている．３Ｍにおける先端的技術管理のあり方や，サウスウエスト航空の独自戦略の展開による競争優位性の構築，創業者の理念の具現化過程が企業成長過程そのものとされたデルコンピュータの例など，じつに多様である．

　しかし，イノベーションをマネジメントすること自体には，ある種のジレンマをはらんでいるといわざるをえない．すなわち，イノベーションの創出には，組織メンバーの創造性や柔軟性が確保されると同時に，組織の機動性を高めるための柔軟性や，環境の変化を先読みできる先見性と適応力が必要とされる一方で，こうした諸要件を前提としつつも，生産性や収益性の確保のためのマネジメント施策がイノベーションの促進に対する阻害要因化するという現実的な問題の存在である．

　かつてウェーバー（Weber, M.）が示唆したように，合理的な管理のために官僚的組織管理が準備され，その恩恵としての高い合理性や生産性が得られる一方で，ゴーイング・コンサーン（going concern）たる継続事業体としての企業に不可欠とされる創造性や革新性を失うこともなる．ゆえに，こうした自己矛盾性をはらむ，こうした問題をいかに克服するかが，イノベーションのマネジメントにおけるもっとも重要な課題といえる．

　またシュンペーターが示唆したように，イノベーションとは個々の企業が保有する生産諸要素の新結合にその本質があることからも，今後はそれぞれの企

業が保有する独自のリソース（経営資源）を基軸とした資源ベースのイノベーション戦略およびそのマネジメントが不可欠といえる．かつてコリンズとポラスによって提起された「ビジョナリーカンパニー」の例にもみられるように，強い企業には強い企業文化が存在するように，イノベーティブな企業にはイノベーションを促進する文化が不可欠であり，従来のマネジメント理論には希薄であった企業ならびに組織の文化的側面やメンタリティといった側面をマネジメントの対象として積極的に取り込んでいくことがなによりも求められてくるといえる．

> **演・習・問・題**
>
> 問1　企業がイノベーションを実現することの重要性について説明しなさい．
> 問2　企業組織においてイノベーションが実現可能となるためには，組織に関してどのような工夫が必要か，説明しなさい．
> 問3　イノベーションのジレンマについて説明しなさい．

参考文献

Burns, T. and G. M. Stalker, *The Management of Innovation*, Tavistock, 1961.

Christensen, C. M.（1997）*The Innovator's Dilemma*, Harvard Business School Press.（玉田俊平太監修，伊豆原弓訳『イノベーションのジレンマ』翔泳社，2001年）

Kao, J., *"The Entrepreneur," Entrepreneurship, Creativity & Organization*, Prentice-Hall International, 1989.

Tidd, J., Bessant, J. and K. Pavitt（1997）*Managing Innovation*, John Wiley & Sons, Ltd.（後藤晃・鈴木潤監訳『イノベーションの経営学』NTT出版，2004年）

Wilson, J. Q.（1966）"Innovation in Organization：Notes Towards Theory," *Approach to Organizational Design*, ed. Thompson, J. D., University of Pittsburgh Press.（加護野忠男『経営組織の環境適応』白桃書房，1980年）

岸川善光・谷井良・八杉哲（2004）『イノベーション要論』同文舘

吉森賢（1989）『企業家精神衰退の研究』東洋経済新報社

―――《推薦図書》―――

1. Tidd, J., Bessant, J. and K. Pavitt（1997）*Managing Innovation*, John Wiley & Sons, Ltd.（後藤晃・鈴木潤監訳『イノベーションの経営学』NTT出版，2004年）

    イノベーションをマネジメントの視点から解明.

2. Utterback, J. M.（1994）*Mastering the Dynamics of Innovation*, Harvard Business School Press.（大津正和・小川進監訳『イノベーションダイナミクス』有斐閣，1998年）

    プロダクトイノベーションの発展過程を克明に解明.

3. Christensen, C. M.（1997）*The Innovator's Dilemma*, Harvard Business School Press.（玉田俊平太監修，伊豆原弓訳『イノベーションのジレンマ』翔泳社，2001年）

    イノベーションを実現しようとする際の障害をジレンマとして解明.

4. Christensen, C. M. and M. E. Raynor（2003）*The Innovator's Solution*, Harvard Business School Press.（玉田俊平太監修，櫻井祐子訳『イノベーションへの解』翔泳社，2003年）

    イノベーションの実現のために，マネジャーが行うべき意思決定とはなにかを克明に解明.

5. 吉村孝司（1995）『企業イノベーション・マネジメント』中央経済社

    企業によるイノベーションについて事例を用いて説明.

第IV部
競争・連携戦略

- 第Ⅰ部 経営戦略
- 第Ⅱ部 経営戦略と環境
- 第Ⅲ部 イノベーション戦略
- 第Ⅳ部 競争・連携戦略
  - 第7章 競争戦略
  - 第8章 戦略型経営
- 第Ⅴ部 経営資源戦略
- 第Ⅵ部 戦略実行

経営戦略
ストラテジー

第7章の要約

　経営戦略は，組織の階層に応じて企業戦略，事業戦略，機能別戦略に階層化される．その中でも，戦略が具体的に展開され，結果が顕在化する単位は各事業領域に対応した事業戦略である．もちろん，機能別戦略がより細分化された単位である．しかし，機能別戦略単独ではその成果が明確になりにくい．企業間の優劣が明確になるのは，事業という競争の場である．事業戦略は競争戦略としてとらえられ，戦略論において中心的な領域として位置づけられてきた．

　本章は，競争戦略の第一人者であるマイケル・ポーター（Porter, M. E.）の理論を中心にこれまでの競争戦略の理論の基礎を理解する．事業戦略策定の基本的プロセスは，第3章で示したように，① 外部環境分析，② 内部資源分析，③ 戦略課題の抽出，④ 戦略課題の選定と体系化，⑤ 戦略課題の施策展開という流れになる．そこで，ここでは競争戦略の理論や枠組みをこの流れに対応づけてみることにより，実務的な位置づけを明確にする．

第7章　競争戦略

1. 外部環境分析

　事業戦略を考える基礎として，その事業分野，業界がどのような特徴を有しているか，自社を取り巻く環境がどのように変化しようとしているかを理解する必要がある．このような観点から，戦略策定の最初のステップとして外部環境分析が行われる．外部環境分析には，マクロ環境とミクロ環境の両面がある．ミクロ環境分析の中心は業界構造分析であり，ここでは理論的背景であるSCPモデルと戦略論への応用である「5つの競争要因」(five forces) フレームワークを紹介する．また，マクロ環境分析については，PEST分析について概観する．

(1) SCPモデル

　産業組織論の中心パラダイムのひとつであるSCPモデルが，業界の特性を理解する基礎となる．SCPとは，構造（Structure）―行動（Conduct）―成果（Performance）の略である．Structureは業界構造のことであり，業界の競合企業の数や，製品の同質性・多様性，そして業界参入の容易性等によって示される．Conductは企業がとる行動であり，戦略的，戦術的な実行策である．Performanceは個別企業の経営成果（業績），およびそれらの和をとった業界全体の成果，さらには社会的厚生という経済的レベルの成果を指す．

　SCPモデルは，業界構造が企業行動の選択肢や業界・企業の業績を規定するという関係を意味している．たとえば，業界構造の一側面として，競争レベルについて考えてみよう．経済学では，業界の競争レベルを，完全競争，独占的競争，寡占，独占に分類する．完全競争では，多数の競合企業により，均質的な価格競争が繰り広げられている．企業は市場メカニズムの中で需要と供給によって定まる価格にあわせ事業を行うことになる．企業は差別化できず，ほぼ標準的な業績しか得られない．対極にある寡占や独占で1社または，少数が市

場を占有している．売り手市場であり，供給側に価格設定権がある．その結果，標準を上回る業績をあげることができる．しかし，社会的厚生は企業業績とは逆になり，独占の場合は低く，完全競争の場合にもっとも高くなる．

　SCPモデルが示すように，企業は標準以上のパフォーマンスを目指し，寡占，独占といった業界構造に向けた戦略，戦術を実施する．その一方で，社会的厚生を高めるという観点から，国の役割として，独占禁止法，競争政策によって業界の競争レベルの維持・改善が図られている．SCPモデルはこのような政策判断を行う拠り所となっている．

(2) 5つの競争要因フレームワーク

　SCPモデルは，企業が標準以上の業績をあげることよりも，どちらかといえば社会的厚生を高めるための枠組みとして検討されてきた．SCPモデルをベースにしながら，逆に企業が業績を高めるという企業戦略側の視点から組み立てられたフレームワークが，ポーター（1980）の「5つの競争要因」である．ここで，5つの競争要因とは，業者間の敵対関係，買い手の交渉力，売り手の交渉力，新規参入の脅威，代替品の脅威である．企業の収益性は，この5つの要因によって規定されるという．すなわち，業者間の敵対関係が強ければ，また買い手，売り手の交渉力が強ければ，さらに新規参入，代替品の脅威が高まれば，企業は利益をあげることが困難になる（図表7－1）．

　たとえば，製薬業界についての5つの競争要因を考えてみよう（Barney, J. B., 2002等）．製薬ビジネスでもっとも特徴的な点は研究開発の重要性がきわめて高いことである．研究開発の期間は長く，巨額の投資が必要である．少数のグローバル製薬メーカーのみが業界に存在し，しかも得意分野の棲み分けと差別化を志向している．業者間の敵対関係はそれほど高くない．研究開発の壁が参入障壁となり，新規参入も容易ではない．また，売り手（供給業者）の交渉力も高くない．数多くの業者が存在し，原材料の化学品自体は差別化が困難である．したがって，供給業者を変えるコストは小さい．買い手の交渉力と代替品

図表7−1 5つの競争要因（業界の競争レベルが高まる要因）

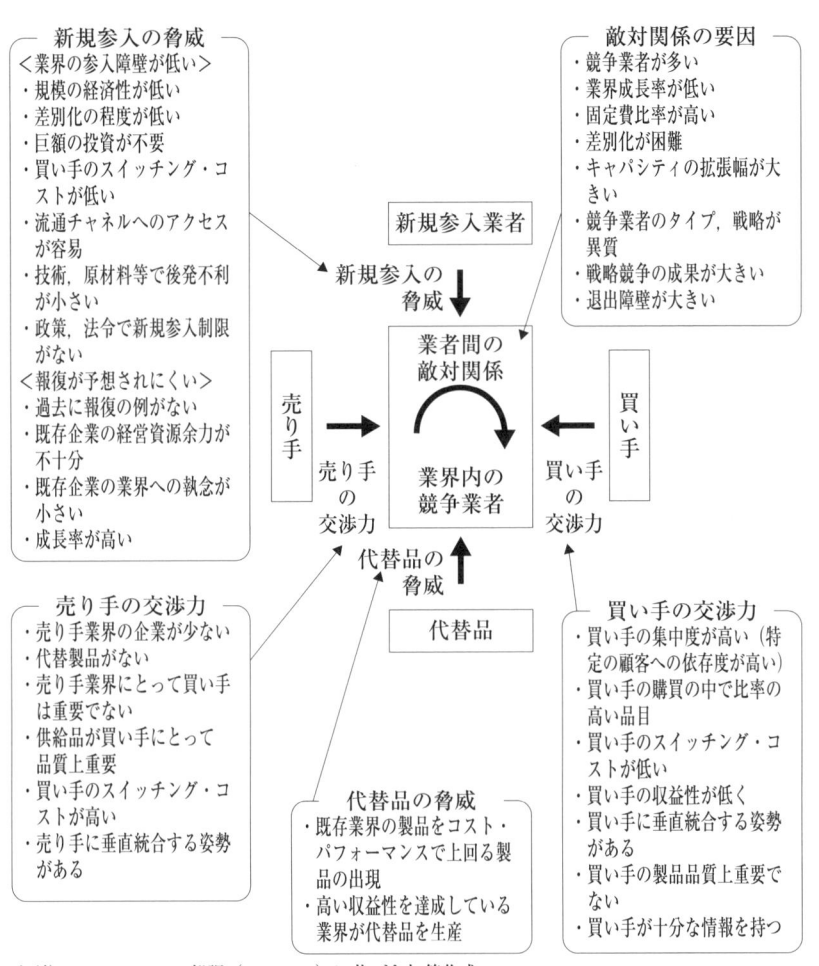

―新規参入の脅威―
＜業界の参入障壁が低い＞
・規模の経済性が低い
・差別化の程度が低い
・巨額の投資が不要
・買い手のスイッチング・コストが低い
・流通チャネルへのアクセスが容易
・技術，原材料等で後発不利が小さい
・政策，法令で新規参入制限がない
＜報復が予想されにくい＞
・過去に報復の例がない
・既存企業の経営資源余力が不十分
・既存企業の業界への執念が小さい
・成長率が高い

―敵対関係の要因―
・競争業者が多い
・業界成長率が低い
・固定費比率が高い
・差別化が困難
・キャパシティの拡張幅が大きい
・競争業者のタイプ，戦略が異質
・戦略競争の成果が大きい
・退出障壁が大きい

―売り手の交渉力―
・売り手業界の企業が少ない
・代替製品がない
・売り手業界にとって買い手は重要でない
・供給品が買い手にとって品質上重要
・買い手のスイッチング・コストが高い
・売り手に垂直統合する姿勢がある

―代替品の脅威―
・既存業界の製品をコスト・パフォーマンスで上回る製品の出現
・高い収益性を達成している業界が代替品を生産

―買い手の交渉力―
・買い手の集中度が高い（特定の顧客への依存度が高い）
・買い手の購買の中で比率の高い品目
・買い手のスイッチング・コストが低い
・買い手の収益性が低く
・買い手に垂直統合する姿勢がある
・買い手の製品品質上重要でない
・買い手が十分な情報を持つ

中央図：新規参入業者 → 業者間の敵対関係／業界内の競争業者 ← 買い手、売り手 →、代替品 ↑

出所）Porter, M. E., 邦訳（1982：18）に基づき加筆作成

の脅威は薬品のカテゴリーによって若干異なる．医療用の新薬の場合，競合品が少なくメーカー側が交渉力を有している．ただし，特許期間後のジェネリック医薬品が代替品となりえる．そのため，MR（Medical Representatives：医薬情報担当者）等による提案営業活動の重要性は高い．以上のように製薬業界の競争は5つの要因からみると，総じて高くはなく，そのため，他産業に比べ高

い収益性を有している.

　5つの競争要因に基づく業界構造分析は，自社が直接的にかかわる関係者を中心としている．実務の中では，5つの競争要因の中でもとくに顧客や市場の重要性が高い．これは戦略策定の起点は顧客にあり，顧客にいかに価値を提供するかが問われているからである．その場合，市場セグメンテーションにより，市場と顧客の動向やニーズを詳細に分析する.

　また，業界の境界は相対的なものである．たとえば，化粧品をひとつの業界ととらえ，業界構造分析をすることもできる．しかし，販売方法の面から，制度品，セルフ化粧品，訪問販売，通信販売等の化粧品メーカー群に分けられる．それぞれの企業群は他の企業群とは置かれている状況が異なり，SCPモデルでいう構造と行動，そして平均業績も異なる．業界をこのように階層的に分解して分析する場合，共通した戦略を採用した企業群のことを戦略グループとよんでいる．各戦略グループを単位に5つの競争要因分析を行うことも有用である (Porter, 1980)．ある企業が戦略グループを移動してくるのも他の戦略グループにとっては脅威である．戦略グループ内の企業にとっては移動障壁を高めることも重要となる.

(3) マクロ環境分析——PEST分析

　戦略の検討にあたっては，よりマクロな外部環境の要因の分析も必要である．業界全体を取り巻くマクロ環境要因として，政治的 (Political)，経済的 (Economic)，社会的 (Social)，技術的 (Technological) 要因の変化をとらえ，それらが業界や自社の事業にどのような影響を与えるかを分析する．このアプローチは，各マクロ環境要因の頭文字を取り，PEST分析とよんでいる.

　政治的要因には，国内の政治，産業政策，規制緩和等や，国際的な貿易，カントリーリスク等が含まれる．経済的要因には，金利・株式・石油・商品等の市場動向，金融政策，主要産業の需給状況等が関連する．社会的要因としては，人口動態，生活様式，地域社会，人材の教育と供給が関連する．そして技術的

要因には，素材，エネルギー，バイオ，ナノ，情報技術などをはじめとした技術革新が対象となる．

2. 内部資源分析

戦略策定で前提となる現状分析では，前節に示した外部環境分析に加えて，内部資源分析が必要となる．内部資源分析では，事業の現状を組織の内部の観点からレビューする．ポーター（1985）は，内部資源分析について価値連鎖（value chain）という有用なフレームワークを提示した．価値連鎖は，企業の活動の繋がりを構造化したものである．

(1) 価値連鎖の構造

多くの製品やサービスは，さまざまな業務活動の連鎖によって創り出されるが，各活動の連鎖全体を価値連鎖とよんでいる（図表7-2）．価値連鎖を構成する活動は，大きく，①主活動，②支援活動に区分される．

主活動は，顧客に対して価値を提供するための直接的な活動であり，購買物

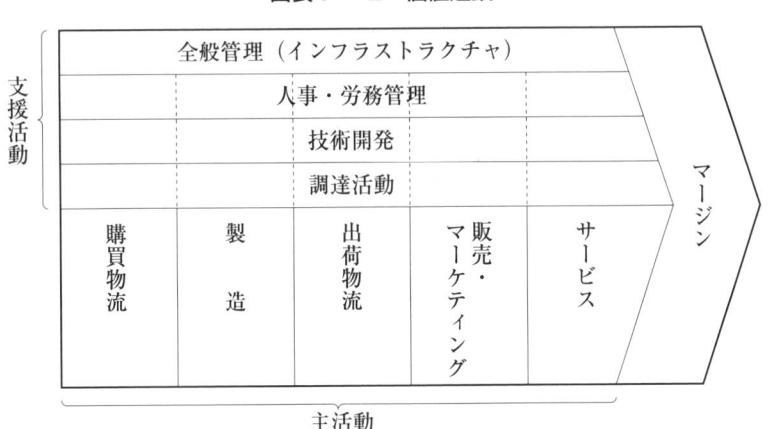

図表7-2 価値連鎖

支援活動	全般管理（インフラストラクチャ）					マージン
	人事・労務管理					
	技術開発					
	調達活動					
	購買物流	製造	出荷物流	販売・マーケティング	サービス	
	主活動					

出所）Porter, M. E., 邦訳（1985：49）

流,製造,出荷流通,販売・マーケティング,サービスから構成されている.この主活動により提供された顧客への価値の対価が収益・売上であり,活動のコストを引いた残りがマージン（利益）となる.

支援活動は,原材料以外の経営資源の調達活動,人事・労務管理や,技術開発,そして全般的管理が含まれる.これらの活動は,主活動を支援している.

(2) 価値システム——価値連鎖の連鎖

上述の価値連鎖は,ひとつの企業のひとつの事業を対象にしたものである.ポーター（1985）は,産業内で価値連鎖が垂直関係で繋がり,多角化した企業の事業別価値連鎖が水平的に繋がることを示し,価値連鎖の連鎖体系全体を価値システム（value system）とよんだ.産業内では,原材料供給業者の価値連鎖の販売,出荷物流等が,製品製造業の購買物流に繋がる.さらに流通業者の価値連鎖を通して,最終購買者の価値連鎖に至る.また,多角化した企業の場合,支援活動や主活動の一部の活動を共同化する等により事業別価値連鎖が相互に繋がっている.

(3) 価値連鎖分析

価値連鎖分析は,自社の事業の価値連鎖を分析し,顧客に対する価値がどのように作られ,提供されるか,を評価する.とくに,コスト構造を改善するための課題や,差別的な価値を高めるための課題を抽出する.この点については,基本戦略との関係で後述する.

競争優位を構築するためには,事業の価値連鎖だけでなく,前述の価値システムの観点から,事業の価値連鎖を適合されることが必要である.価値システムと自社の価値連鎖との関係を分析することにより,差別化やコスト低減の機会を探ることができる.

3. 戦略課題の抽出と選定

(1) 戦略課題の抽出とSWOT分析

　外部環境分析と内部資源分析により，戦略策定のためのさまざまな情報と示唆が提供される．外部環境分析からは，PEST分析等により政治・経済・社会・技術の全体トレンド，そして「5つの競争要因」分析により，業界の競争構造と競争水準が明確になる．それに加えて，会社と事業に対する「機会」と「脅威」も重要なアウトプットである．一方，内部資源分析からは，価値連鎖分析により，コスト低減，差別化のための課題が明らかになるが，加えて競合他社に比べての「強み」と「弱み」の整理が行われる．

　戦略課題の抽出は多角的な視点から行う必要があるが，外部環境分析による機会と脅威，内部資源分析による強みと弱みが，検討の基礎となる．実務的には，第5章で示したSWOT分析の考え方が採用されることが多い．強みと弱み，機会と脅威をそれぞれクロス対応させ，注目すべき組み合わせとそこから想定される戦略課題を抽出する．

　しかし，SWOT分析により機械的に戦略課題を抽出し，それをまとめれば戦略ができる訳ではない．戦略には戦略の仮説や方針が必要である．そこで，次に戦略課題抽出や戦略課題を絞るうえでの規範を与える基本戦略の考え方を示す．

(2) 戦略課題の抽出選定の規範としての基本戦略

　ポーター (1985) は，対象とする市場（戦略ターゲット）の幅と競争優位の拠り所をどこに求めるか（競争優位の源泉）の面から，図表7-3のように基本戦略を分類した．企業が持続的な競争優位を築き，維持するためには，①コスト・リーダーシップ戦略，②差別化戦略，③集中戦略（コスト集中と差別化集中を分ける場合もある）のいずれかを採用しなければならない，と論じた．

図表7-3 ポーターの基本戦略

	競争優位	
	他社より低いコスト	差別化
戦略ターゲットの幅　広いターゲット	1. コスト・リーダーシップ	2. 差別化
戦略ターゲットの幅　狭いターゲット	3A. コスト集中	3B. 差別化集中

出所）Porter, M. E., 邦訳（1985：16）

① コスト・リーダーシップ戦略

競合企業よりも低いコスト水準を達成することで，コスト面での優位性を確保し，高マージン，または販売増を目指す戦略である．コスト・リーダーシップは経験効果，規模の経済に基づいて説明されることが多いが，業務活動の連結や共同化，業務品質向上による効率化など多様な方法がある．

② 差別化戦略

他社が満たしていない顧客ニーズに対応することにより製品・サービスを差別化し，プレミアム価格による高マージンを得たり，顧客ロイヤルティを高める戦略である．差別化の方法としては，機能，性能，品質，デザイン，パッケージ，広告宣伝，信頼性，商品配送，アフターサービス等，製品や活動のさまざまなポイントで作ることができる．しかし，競合企業に容易に模倣されたり，対抗されないことが重要である．

③ 集中戦略（コスト集中，差別化集中）

市場を細分化（セグメンテーション）し，自社の能力に適合する一部のセグメントに焦点を合わせる戦略である．ニッチ戦略ともいう．絞られた特定セグメントで低コスト，あるいは差別化で優位に立とうとする．セグメントは，特

図表7-4 コスト推進要因

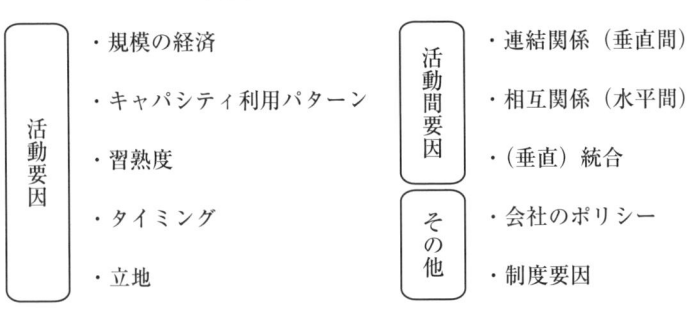

活動要因
・規模の経済
・キャパシティ利用パターン
・習熟度
・タイミング
・立地

活動間要因
・連結関係（垂直間）
・相互関係（水平間）
・（垂直）統合

その他
・会社のポリシー
・制度要因

出所）Porter, M. E.（1985）に基づき，グルーピングを筆者作成

定の製品カテゴリ，特定の顧客層，特定の地域，特定の用途などにより区分される．

4. 価値連鎖分析によるコスト優位と差別化の方法

ポーター（1985）は，価値連鎖によりコスト・リーダーシップ戦略のためのコスト優位，そして差別化戦略のための差別化の作り方を示している．

(1) コスト優位のための価値連鎖分析

コスト優位のための価値連鎖分析は大きくは次のようなステップで行う．まず価値連鎖の各活動別に運用コストと資産を配分することから始める．次に，各活動のコスト推進要因を同定し，コスト・ビヘイビアを分析する．競合企業の価値連鎖を推定し，その業界における相対コスト地位を評価する．そして，「コスト推進要因」をコントロールしたり，価値連鎖を再編することにより相対的コスト地位を向上させる案を見出す．

ここでコスト推進要因とは，コストを変動させる変数であり，具体的には図表7-4に示す10の要因である．各活動のコスト・ビヘイビアは，おもに規模の経済，キャパシティ利用のパターン，習熟度，タイミング，立地によって決まる．たとえば，コンテンツ配信ビジネスの場合，コンテンツ制作のコスト

は固定的で販売量には相関がなく,配信数量に伴う変動費はわずかである.したがって,会員数や配信数量が増えれば増えるほど単位コストは小さくなる.

活動間の関係によっても全体のコスト・ビヘイビアが変わってくる.連結関係(垂直)は,顧客・チャネルや供給業者の価値連鎖を含め垂直間の価値活動の連携方法を変えることによりコストが変動することを指している.たとえば,量販店の在庫情報をメーカー,ベンダーが把握し,管理することにより,自動補充発注する VMI (Vendor Managed Inventory) 方式を取ることにより,受発注業務削減等で効率化することができる.また,異なった事業の価値連鎖で活動を共有したり(相互関係),垂直統合によってもコストが変わる.

この他,会社のポリシーや,規制等の制度的要因もコスト・ビヘイビアに影響を与える.

(2) 差別化獲得のための価値連鎖分析

差別化獲得のための価値連鎖分析は,次のような流れで検討を進めることができる.まず,本当の買い手は誰かを明確にする.たとえば,法人市場では購買部署と利用部署が異なる場合があり,また消費財では販売店のバイヤーの選択が消費を左右する場合がある.次に,その本当の買い手の価値連鎖と自社のインパクトを検討する.価値システムの作り方により,買い手のコスト低減や業績向上が可能となる.加えて,買い手の購買基準を理解する.それらを踏まえ,自社の価値連鎖の「特異性推進要因」から差別化の源泉を抽出する.差別化にはコストが必要であるが,最終的に追加コストと増分価値の関係から採用差別化案を決定する.また,採用する差別化案の有効性が持続可能かどうかのテストも必要である.

このステップの中で重要となる概念は特異性推進要因である.特異性推進要因は,価値活動に特異性を付与する変数である.具体的には,図表7-4に掲げたコスト推進要因が特異性推進要因でもある.たとえば,特定のポリシーを選択することにより差別化を図ることができる.ボディショップは,環境保護

に関するポリシーにより，コスト負担を伴うものの，環境志向の消費者を惹きつけることに成功した．また，供給業者との連結関係を変え，製品開発を共同で行うことにより，新材料を採用したり，開発期間を短くすることにより，差別化を図ることができる．

5. 競争戦略論の展開と課題

　ポーターの理論を中心に競争戦略は発展し，実務界にも大きな影響を与えた．しかし，ポーターの理論にはさまざまな問題指摘も投げかけられた．たとえば，基本戦略に対しては，コスト・リーダーシップと差別化はどちらか一方ではなく，双方を両立させているエクセレント・カンパニーが存在する，という批判がある．実際に，プロセス品質を高めることにより，顧客サービスの向上による差別化と，製造コストの低減の双方を達成することが可能である．

　このような指摘があるものの，価値連鎖によるコスト優位と差別化の検討アプローチには，戦略課題を洗い出すための多くの示唆が含まれている．しかし，コスト優位と差別化のいずれかを選択するという二元論については，修正が必要かもしれない．そのための新たな提案がトレーシーとウィアセーマ（Treacy, M. and F. Wiersema, 1995）の価値提案（value proposition）である．企業は市場でトップを目指す場合，顧客に対する価値の提供の観点から，①業務卓越（operational excellence），②製品リーダー（product leader），③顧客密着（customer intimacy）の3つの法則の中から，ひとつの法則に注力する必要があると指摘する．この3つのどの法則を採用するかによって，顧客への訴求の仕方のみならず，そのためのビジネスシステムの編成の仕方，重視すべきリソース，必要な組織文化が異なってくる．

　業務卓越は，品質，価格，利便性を含む総合力において，市場で最高の水準を保っている企業であり，低価格，確実で円滑なサービスを顧客に訴求する．成功の鍵は業務プロセス，オペレーションの定型化である．マクドナルド，フェデックス，ウォルマート等がこのタイプである．

製品リーダーは，これまでなかった製品機能，いちじるしく優れた製品品質の開発と提供に注力する企業であり，比類のない製品，絶え間ない新製品提供により顧客に訴求する．成功の鍵は，優れた人材と創造のスピードである．代表的企業は，アップルコンピュータ，ソニー，ディズニー等である．

顧客密着は，市場ニーズではなく，特定顧客ニーズに応え，その顧客関係の中からさまざまな価値を提供する企業であり，オンリーワンサービス，またはきめ細かな対応により顧客に訴求する．成功の鍵は，特定顧客との深い付き合い，特定顧客の熟知である．エアボーンエクスプレス，フォーシーズンズ，ホームデポといった企業が相応する．

ポーターの基本戦略では，競争優位の源泉として，コスト優位という内部の視点と差別化という外部の視点を両極にとっていた．そのため，確かに背反する要素とはいえず，双方を両立させることも必要といえる．これに対して，トレーシーとウィアセーマの価値提案は，顧客に提供し，顧客が認識する価値の面から3つのタイプに分類している．ターゲットとする顧客層を明確にし，それに整合した事業システムを構築していくためにも見通しのよいフレームワークといえる．

演・習・問・題

問1　関心のある業界を取り上げ，5つの競争要因により業界構造を分析しなさい．
問2　上記の業界について，主要各社の戦略を調査し，ポーターの基本戦略に照らして，どのタイプの特徴を有しているか，整理しなさい．
問3　上記の主要各社のうち1社を取り上げ，入手可能な情報をもとに価値連鎖分析を行い，コスト優位，差別化の次の一手をあなたなりに検討しなさい．

参考文献

Ansoff, H. I.（1965）*Corporate Strategy*, McGraw-Hill.（広田寿亮訳『企業戦略論』産業能率大学出版部，1969年）

Barney, J. B.（2002）*Gaining and Sustaining Competitive Advantage*, 2nd ed.,

Pearson Education, Inc.（岡田正大訳『企業戦略論（上・中・下）』ダイヤモンド社，2003年）

Treacy, M. and F. Wiersema (1995) *The Discipline of Market Leaders*, Addison-Wesley.（大原進訳『ナンバーワン企業の法則──カスタマー・インティマシーで強くなる』日本経済新聞社，1995年）

Porter, M. E. (1980) *Competitive Strategy*, The Free Press.（土岐坤訳『競争の戦略』ダイヤモンド社，1982年）

Porter, M. E. (1985) *Competitive Advantage : Creating and Sustaining Superior Performance*, The Free Press.（土岐坤ほか訳『競争優位の戦略』ダイヤモンド社，1985年）

石井淳蔵・奥村昭博・加護野忠男・野中郁次郎（1996）『経営戦略論〔新版〕』有斐閣

大滝精一・金井一頼・山田英夫・岩田智（1997）『経営戦略』有斐閣

寺本義也・岩崎尚人編（2004）『経営戦略論』学文社

《推薦図書》

1. Porter, M. E. (1980) *Competitive Strategy*, The Free Press.（土岐坤訳『競争の戦略』ダイヤモンド社，1982年）
   5つの競争要因に基づく業界構造分析手法と3つの基本戦略が詳述．

2. Porter, M. E. (1985) *Competitive Advantage : Creating and Sustaining Superior Performance*, The Free Press.（土岐坤ほか訳『競争優位の戦略』ダイヤモンド社，1985年）
   価値連鎖分析に基づき，コスト優位，差別化をどのように作るかを体系的に論じる．

3. Treacy, M. and F. Wiersema (1995) *The Discipline of Market Leaders*, Addison-Wesley.（大原進訳『ナンバーワン企業の法則──カスタマー・インティマシーで強くなる』日本経済新聞社，1995年）
   顧客に対する価値提案が豊富な事例とともに示されている．

第8章の要約

　組織と組織の関係というと，競争を思い浮かべる読者が多いだろう．組織を取り巻く環境の変化がいちじるしくなると，資源を内部で蓄積するのでは間に合わない．急遽，資源を外部から調達しなければならない，といったことも頻繁にある．競争だけではなく，協調することも大切である．さらに，「左手で拳を振り上げながら右手で握手する」と形容される，競争関係を維持しながら協調関係を築くといった戦略提携も散見されるようになってきた．

　まず，資源依存モデルによって，組織間関係を説明する．資源を依存する・依存される関係によってパワーの大小が生まれる．相手に対する依存を小さくするとともに，相手からの依存を大きくする行動を基本に，さまざまな組織間関係戦略を検討していく．

　組織間関係戦略の中でも，合併・買収（敵対的・友好的）に焦点を当てる．合併・買収をする理由，合併・買収による問題，あるいは合併・買収の防衛にも触れる．また，「持たざる経営」であるアウトソーシング，「左手で拳を振り上げながら右手で握手する」ような戦略提携についても，メリット・デメリットに触れながら，詳しくみていこう．さらに，グローバル戦略における組織間関係戦略についても，直接海外投資に至るプロセスを踏まえながら，意義について検討していく．

第8章　戦略型経営

1. 組織間関係戦略

　組織は生き残りをかけて他の組織と競争を繰り広げている．しかし，競争するだけではなく，他の組織と協力もする．競争を回避するために協力することもあれば，競争を有利にするために協力することもある．たとえば，自分たちで研究・開発した製品・サービスの規格を業界標準にすべく，他の組織に技術を供与して協力関係を築き，他の規格との主導権争いをするというデファクト・スタンダードをめぐる争いなどがあげられよう．

　組織と組織の関係は文字通り組織間関係として研究されている．組織間関係は市場における価格による調整や，組織のような権限による調整もない世界である．組織と組織の間の調整はつまるところ力（パワー）関係によってなされる．パワー関係は組織が保有するヒト，モノ，カネ，情報などの資源から生じる．ここでは，資源依存モデルに依拠して，組織間関係に関する戦略を理解していくことにする．

(1) 資源依存モデル

　資源依存モデルには組織が資源を完全に自給自足することは難しいという前提がある．したがって，多かれ少なかれ，資源を他の組織に依存することとなり，組織間関係が生じるのである．もし，組織が資源の大部分を他の組織に依存しているとすれば，パワー関係は弱い（大量資源）．また，依存する資源がわずかであったとしても，めったに入手できない資源であるならば立場は弱くなる（希少資源）．さらに，競争優位を築くうえなどで重要な資源を他の組織に依存していたとすれば，これもパワー関係が厳しくなる（重要資源）．逆に，相手の組織にとって大量資源，希少資源，重要資源を自分の組織が保有している場合，パワー関係は強いといえよう．そして，パワー関係が強ければ，思い通りにものごとを進めることができ，好きなように決めることができる（図表

図表 8-1 資源依存モデル

依存する　　　　　　　　　　　　　依存される

組織A　←――大量資源――　組織B
　　　　←――希少資源――
　　　　←――重要資源――

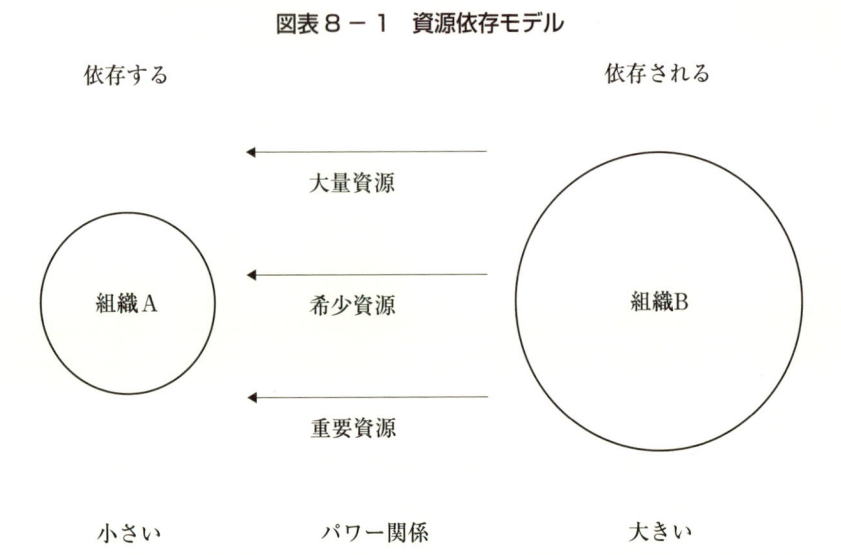

小さい　　　　　パワー関係　　　　　大きい

8-1参照).

　現実には，自分の組織も相手の組織も資源を相互に依存し合っているため，パワー関係は微妙である．できるかぎり，相手の組織からの依存度を上げるとともに，相手の組織への依存度を下げるという行動をとるようになる．相手の組織からの依存度を上げるためには，自分の組織が保有する資源の価値を高める，あるいは相手の組織が自分の組織しか選べないようにするという方法がある．たとえば，他の組織では提供できない資源を開発したり，他の組織を合併・買収してしまうことなどが具体的に考えられよう．

　また，相手の組織への依存度を下げるためには，相手の組織が保有する資源の価値を低くする，あるいは相手の組織以外に選べるようにするという方法がある．具体的には，代わりになる資源を供給する組織を開拓したり，資源を供給する他の組織と接触することなどがあげられよう．

(2) 組織間関係

　もちろん，相手の組織からの依存度を上げるとともに，相手の組織への依存

度を下げるという行動は，自分の組織も考えれば，相手の組織も考える．なんとか有利になるように鍔迫り合いをする．とはいえ，駆け引きばかりしていてもしようがない．やはり，調整が必要となる．調整は自分の組織と相手の組織でなされるものとは限らない．第三者に働きかけることもある．また，思い切って，依存関係を抑える，あるいは解消するという手もある．

① まず，依存関係を吸収したり，回避する戦略には，相手の組織への依存を直接，吸収しようとする戦略と努力することで相手の組織への依存を回避する戦略がある．前者の代表例は，合併である．相手の組織を合併・買収してしまえば，完全にコントロールできるようになる．後者の代表例は多角化である．多角化によって，異なる分野へ進出することで，違った資源を扱うようになったり，違った組織とのつきあいが生じる．また，多角化によって，相手の組織によって供給されていた資源を自分たちでまかなうことができることもある．これらの戦略によって相手の組織の思わぬ動きに振り回されることがなくなり，安定を得ることができる．しかし，資源が必要なくなったときなど簡単に切り捨てることができないため，柔軟さに欠けてしまう．さらに，組織と組織の調整を嫌って合併・買収や多角化などの戦略をとることで，組織の中の調整の問題が出てきてしまうことも見逃せない．

② 依存関係を吸収したり，回避せず，むしろ依存関係を認め，相手の組織からのコントロールを抑える戦略もある．いわば相手の組織と協調していく戦略である．協調していく戦略をとることで，相手によって左右されるため安定さに欠けるものの，相手とくっついたり，離れたりすることで，環境が変化したときなどの柔軟さを得ることができよう．代表的なものとして，合弁，提携，協定，派遣，団体などがある．

合弁は，ジョイント・ベンチャーともよばれ，自分の組織と相手の組織が資源を提供し合って，組織を形成し資源を共有する，あるいは資源を一緒に蓄積することである．合併・買収と違って，合弁を解消することは困難ではない．しかし，合併・買収と同じように，文化が違ったりすることから摩擦が生じて，

調整に苦労することが十分あり得る.

　提携は，自分と相手の間で資源をやりとりする取り決めをすることであり，契約が前提となる．また，資源を共有するというよりは，資源を交換し，互いに補完し合うのである．もちろん，契約によって関係を構築することも，解消することも容易である．同時に複数の組織と契約を結び，ネットワークを形成することもできる．

　協定は，話し合って価格や数量について合意を形成して協調していくことである．協定を締結することによって，予測できないことを少しでも軽減させることができる．

　派遣は，代表者の交流である．自分の組織の代表者を相手の組織に派遣し，意思決定に参画させることによって，相手の組織を少しでもコントロールしようとするものである．コミュニケーションもとりやすくなる．

　団体は，いくつかの組織が集まって団体を形成し，意思統一を図ることである．アソシエーションともよばれる．前述したデファクト・スタンダードをめぐる争いなど団体が利用されることが多い．

　③　さらに，自分の組織と相手の組織だけではなく，第三者に働きかけることで，間接的に依存関係をコントロールする戦略もある．政府に働きかけることで，規制を緩和（強化）したり，ロビイングによって政治家に圧力をかけ法を可決させたり否決させたりする．

(3) 調整の機能と逆機能

　山倉健嗣によれば，自分の組織と相手の組織の関係を調整することによって，市場における競争がいくぶんか緩和され，環境かく乱が少なくなり，意思決定がやりやすくなるという（山倉，1993）．相手がなにをするかわからない，という状況から脱することができる．簡単にいえば組織間関係をうまく調整することで，予測が可能になる（不確実性が減る）ということである．

　反面，組織間関係をうまく調整することの逆機能もあるという．関係の調整

にはコストがかかる．関係が長期にわたると，それなりの投資となる．投資が嵩んでくると，簡単には関係を解消することができなくなる．環境が変化してもおいそれと関係を解消できなくなるとすれば，環境への柔軟な対応ができなくなってしまう．かえって不確実性が増えてしまうことになる．

加えて，関係の調整がうまくいけばいくほど（関係が強固なものになればなるほど），相手の組織から受ける影響も多くなり，環境が変化すれば，単独の場合と比べて，余波ともいうべき複雑な影響を受けることとなり，不確実性が増えてしまうこととなる．

さらに，競争が緩和されるということは，独占に近い状態であることから，価格が固定してしまったり，イノベーションが起こりにくくなり，新規参入の隙を作ってしまうことになる．新規参入によって不確実性が増してしまう．

不確実性を減らすための組織間関係の調整が結果として不確実性を増してしまう意図せざる逆機能を生んでしまうのである．この意図せざる逆機能を緩和するためには，関係の調整を弱めて（あるいは解消して）競争を復活させることであるが，競争が激しくなればやはり不確実性が増してしまう．新規参入を防ぐという点からすれば，競争を復活させるよりも，参入障壁を高くすることが望ましいかもしれない．

2. 合併・買収，アウトソーシング，戦略提携

経営戦略の成功の鍵を握るもののひとつに資源の獲得があげられよう．いかに立派な戦略があったとしても，資源が準備できなければまさに絵に描いた餅となってしまう．資源を獲得するためには，大きく分けて内部でじっくりと蓄積する方法と外部から手っ取り早く調達する方法がある．

外部からの調達にもいくつか方法がある．市場で取引する方法がまずあげられよう．価格が上下し，不安定きわまりない．取引をする相手は絶えず変わるので，さまざまな手間がかかる（取引コスト）．だまされることはあるが，好条件を引き出すことができる．さらに，相手をいつでも変えられるので，変化

に機敏に対応できる．外部からの調達には合併・買収もある．合併・買収によって取引は必要なくなる．取引にまつわる煩わしさから解放される．

　しかし，合併・買収すれば結婚と同じように，摩擦も起こるし，簡単に袂を分かつわけにもいかない．安定さは得られるが，柔軟さを失うことになる．もちろん合併・買収そのものにも大きなリスクを負う．

　大きなリスクを負うにもかかわらず，合併・買収を選択するのは，なによりもまず時間の節約のためである．市場取引，合併・買収のほかに資源を調達するみちは，提携である．提携はまさに前述した依存関係を吸収したり，回避せず，むしろ依存関係を認め，相手の組織からのコントロールを抑える，協調する戦略であり，市場取引と合併・買収の中間のような特徴をもつ．

　ここでは，合併・買収について友好的なものと敵対的なものについて触れ，さらに，提携を代表するアウトソーシングや戦略提携について理解を深める．

(1) 合併・買収

　合併は，ある組織とほかの組織が一緒になって，ひとつの組織になることであり，どれかを存続させ，残りを解散するか（吸収合併），すべてを解散して，改めて組織を作るか（新設合併）である．合併するにあたり，株式を交換するのが一般的であるが，株式の交換比率が同じであるものを対等合併とよぶ．買

図表8－2　資源の獲得

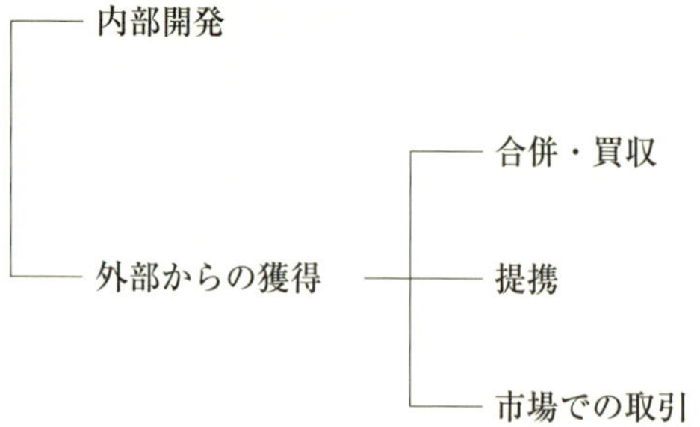

```
                  ┌── 内部開発
                  │
                  │                     ┌── 合併・買収
                  │                     │
                  └── 外部からの獲得 ──┼── 提携
                                        │
                                        └── 市場での取引
```

出所）高橋伸夫編（1996：108）

収は，株式取得，営業譲渡，新株引受によって，ある組織がほかの組織のすべてあるいは一部を支配することである．

　合併・買収には，合意に基づき友好的になされるものと，合意をせず無理やりなされる敵対的なものがある．後者はいわば乗っ取りである．合意がなくても，株式を取得すれば，合併・買収される組織を支配できるからである．敵対的な合併・買収において，市場で売り買いされる価格より高い値段で株式を買い取ることを宣言して売り手を募ることを株式公開買付（テイク・オーバー・ビッドあるいはテンダー・オファー）とよぶ．合併・買収には多額の資金が必要となる．多額の資金がない場合は，合併・買収する側が合併・買収される側の資産やキャッシュフローを担保にして借金をして買収することがある．これをレバレッジド・バイアウトという．また，経営者や従業員が自己資金に加えて銀行の融資を受けたり，投資家の協力を得て，株式を取得して支配することをマネジメント・バイアウトとよぶ．

　敵対的な合併・買収に対して，合併・買収される側は，さまざまな防衛策をめぐらす．有名なのが毒薬条項（ポイズン・ピル）である．合併・買収がなされた後にプレミアム価格で償還することを義務づけた株式を発行することで，合併・買収のうまみを減らすことになる．

　また，合併・買収がなされると合併・買収された側の経営者は退職に追い込まれるが，退職にあたり巨額の退職金が支払われるよう契約を結んでおけば，これも，合併・買収のうまみを減らすことになる．これをゴールデン・パラシュートとよぶ．さらに，合併・買収される側が敵対的な合併・買収をする側を逆に合併・買収してしまったり（パックマン・ディフェンス），敵対的な合併・買収する会社に対抗して友好的な合併・買収する会社（ホワイト・ナイト）に合併・買収してもらうこともある．

　合併・買収は，既存の分野における競争相手についてなされるもの，川上・川下の分野の組織についてなされるもの，既存の分野とは異なる分野の組織についてなされるものがあるが，なかでもまったく既存の分野と関連がない分野

の組織をつぎからつぎへと合併・買収して多角化戦略をとることをコングロマリットとよぶ．コングロマリットは，一時期アメリカにおいて盛んであったが，効率がなかなか上がらず，下火になっている．

合併・買収は，買い手にとって内部で資源を蓄積していくよりも，はるかに時間をかけずに資源を調達ができ，合併・買収にコストはかかるものの，内部で資源を蓄積するよりもコストは抑えられることもある．売り手にとっても，経営危機に瀕している場合など存続のひとつの選択となり得るし，不採算部門を売却して採算部門に集中することもできる．しかし，合併・買収は異質なものが一緒になることであり，制度や習慣の違いから生じる摩擦は，人びとを疲弊させることもある．

(2) アウトソーシング

日進月歩でなく秒進分歩の技術革新の嵐のなか，日々の業務に求められる専門度はどんどん高くなっている．研究・開発，製造，販売…とあらゆる業務を内部の資源だけを頼って実行するのはだんだんと難しくなってきた．もちろん，業務の流れの中で競争優位を生み出すような業務はあくまで内部の資源にこだわらなくてはならない．しかし，競争優位を生み出す業務に集中して専門度を高めるために，あえて競争優位を生み出さない部門については外部の資源に頼ることも得策である．いわゆる外部委託である．これがアウトソーシングである．

アウトソーシングが従来の外注などと違うところは，単なるコスト削減を狙ったものだけではないということである．コスト削減よりもむしろ中核的なものとそうでないものを区別するという戦略的なものである．したがって，アウトソーシングを語るうえで必ず引き合いに出されるのが，コア・コンピタンスである．

真似のできないオリジナルな技術やスキルがあれば，価値あるものを提供でき，結果として競争で優位に立てる．真似のできないオリジナルな技術やスキ

ルはコア・コンピタンスとよばれているが，コア・コンピタンスは一朝一夕ではなしえないものであり，コア・コンピンタスを築き上げても資源を投入して維持し，発展させなければならない．逆に，コア・コンピタンス以外の分野の技術やスキルは，外部の資源を活用しても構わない．むしろ，コア・コンピタンス以外の分野の技術やスキルについて秀でた組織に思い切って任せてしまうことで，専門度はさらに高められる．すべてやらなくてはならないのではなく，できることに集中し，できないことは任せる，という選択と集中である．

　もともとは情報技術革命に伴い，情報システムを構築し，運営するために情報部門を外部に委託することからアウトソーシングは始まったとされている．なぜ情報システムかといえば，直接利益に絡まず，どこの会社も大差がなく（汎用的），陳腐化が早いため，自分のところでなんとかするよりも，外部に任せてしまった方が効率的だからである（経営能力開発センター，2003）．

　また，人事や総務，経理といったスタッフ機能を専門に取り扱う会社が生まれ，総務部門などをこうした会社に委託するケースがみられるようなった．さらに，研究・開発，製造，販売といったライン機能についてもアウトソーシングしてしまうケースもある．

　ミスミは，ユーザーのニーズを発掘して魅力ある商品を企画することに思い切って絞り込み，商品の製造から販売，さらに総務まで外部に委託することで，購買代理店という生き方を貫いている．いわばユーザーとメーカーの接点である．たくさんのメーカーと契約を結んでおり，商品の企画に応じて臨機応変にメーカーを使い分けるのである．ここに柔軟さが生まれる．持つ経営から持たざる経営への発想の転換である．

(3) 戦略提携

　合併・買収と異なり，組織と組織が独立しながらもゆるやかに結びついているのが提携である．なぜ，提携をするのかといえば，前述したように資源を外部から調達したいからである．複数の組織が契約を取り交わすなどして，協力

関係を築くことである．なかでも戦略の意図が合致すれば，競争相手であっても，協力関係を築くといった戦略提携が散見されるようになった．

　戦略提携のもとでは，パートナーとすべてを分かち合うわけではない．パートナーとある部分では協力するが，ほかの部分では競争する．しばしば，「左手で拳を振り上げながら右手で握手する」と形容される．戦略提携には合併・買収と同じように，互恵性があることが特徴となる．しかし，合併・買収とは違って，独立性を失わない．パートナーとくっついたり，離れたりすることが自由という柔軟性もある．

　戦略提携には一般的に合併・買収は含まれない．資本提携よりはむしろ業務提携と考えられている．前述した合弁（ジョイント・ベンチャー）などが代表例である．資本提携に近いが，資本参加も戦略提携に含むこともある．共同開発や共同生産，生産委託や販売委託，ライセンシング（クロス・ライセンシング）など形態はさまざまである．ちなみにライセシングとは，特許権など所有する知的財産権の使用権を他人に許諾することである．

　戦略提携に至る動機は，資源を調達するため，市場を成長させるため，技術を開発するため，リスクを分散させるため，デファクト・スタンダードを確立するためなど多岐にわたる．航空業界のようにパートナーのあいだでマイレージ・サービスのポイント交換ができるようにすることで，競争を有利に展開しようとすることもある．また，プライベート・ブランドを構築するために，メーカーと流通業者が製販同盟を組むことも戦略提携の一環である．

　反面，戦略提携によってさまざまな制約が生まれることも考慮されなければならない．戦略提携によって資源や技術が独占できなくなる心配がある．左手で拳を振り上げながら右手で握手する状況であることを忘れてはならない．資源や技術を共有できる部分とできない部分をはっきり区別できるかどうか．当然，コンフリクトも生じやすく，調整コストがかかる．いくら離合集散があるといっても，パートナーが事業を営んでいる分野に土足で上がるような真似はしにくい．事業の展開にも制約が生まれるだろう．

図表 8 − 3　戦略提携

左手で拳を振り上げながら右手で握手することもある

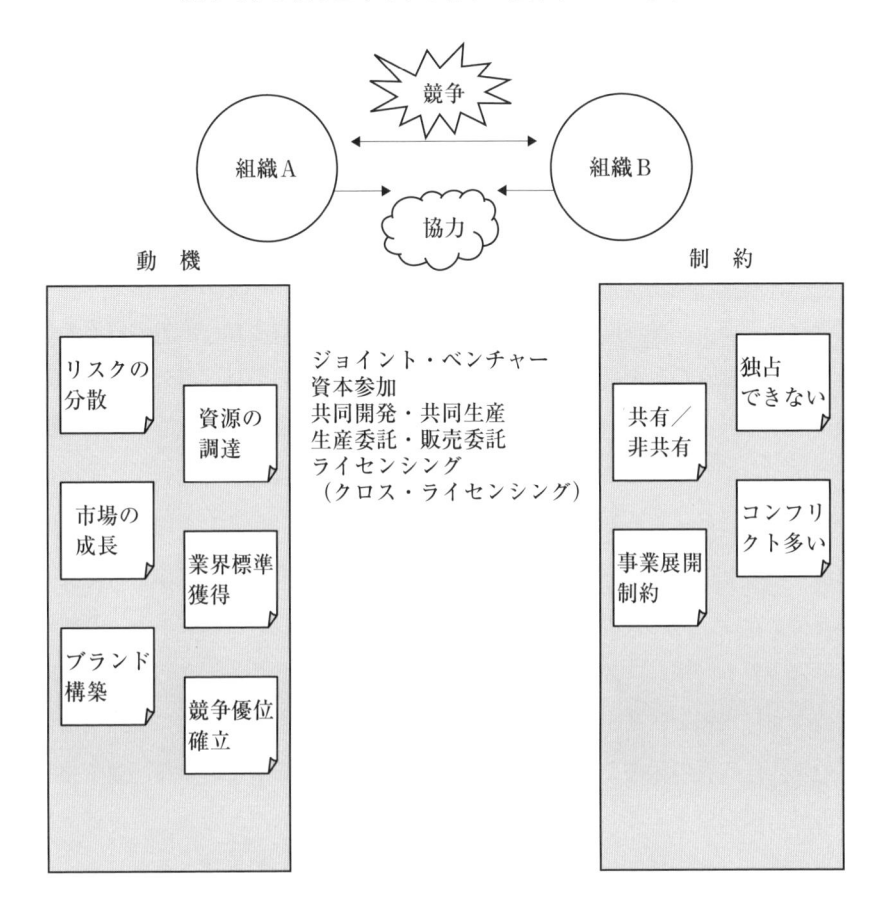

```
          競争
組織A  ←───→  組織B
          協力
```

動　機

- リスクの分散
- 市場の成長
- ブランド構築
- 資源の調達
- 業界標準獲得
- 競争優位確立

ジョイント・ベンチャー
資本参加
共同開発・共同生産
生産委託・販売委託
ライセンシング
（クロス・ライセンシング）

制　約

- 共有／非共有
- 事業展開制約
- 独占できない
- コンフリクト多い

3. グローバル戦略型経営

　国境を越えて他国で経営すると，国内で経営するのとは違った問題に直面する．政治の違い，法律の違い，習慣の違い，意識の違いが，経営をむずかしくする．当たり前のことが当たり前でなくなるのである．内戦が勃発するなどリスクもある．いろいろな緊張を強いられるにもかかわらず，国境を越えて事業を展開するのには理由がある．

第8章 戦略型経営

　国境を越えるといっても，段階がある．まず，輸出である．輸出の動機は，市場が飽和してしまい需要が伸び悩むため，逆に市場が未熟で需要が期待できないため，あるいは国内の市場で競争に勝てないため，海外に活路を見出そうとする．現地の商社など代理店を経由して商品を販売する間接輸出と，現地に販売子会社を設立して商品を販売する直接輸出がある．また，自分の会社のブランドを使用して商品を売るか，あるいは現地の会社のブランドを使用して売るか（OEMとよばれる）も検討しなければならならい．

　輸出するのではなく，現地に生産子会社を設立して商品を生産するのが海外直接投資である．海外直接投資に対して，海外間接投資とは，海外の政府の債券や企業の株式などを購入することである．海外直接投資は，海外に工場を建設し，原材料を調達し，労働者を雇うことであり，輸出と比べると格段に経営の課題が複雑なものになる．にもかかわらず，海外直接投資を選択する理由はつぎのように考えられる．すなわち，海外直接投資の動機として考えられるが，現地の市場を的確にとらえ，迅速に対応するためである．また，原材料が安く調達できたり，人件費が低く抑えられるから海外直接投資を選択する．為替相場によっても同様にコストが削減できるチャンスが生まれる．さらに，貿易摩擦のように規制を回避するために輸出を断念することもある．逆に優遇税制措置のように政府の保護を受けて海外直接投資に踏み切ることもある．競争相手が海外直接投資をすると，競争の構図が崩れるのを恐れて，追随して海外直接投資するバンド・ワゴン効果も海外直接投資の動機として指摘される．

　海外直接投資といっても，現地で生産するだけではなく，現地で研究・開発をしたり，さらに研究・開発，生産，販売とすべてを現地子会社が引き受けることもある．本国親会社から現地子会社に権限が大幅に委譲され，現地子会社が自由裁量をもって経営することもある．

　現地で研究・開発，生産，販売をするために，完全子会社にするのか，合弁会社にするのかの選択が迫られる．完全子会社の場合には，子会社を一から作るのか，合併・買収をするのか，合弁会社においても，多数・均等・少数の株

式保有によって違いが生じる．武田志郎は完全子会社へのプロセスをさらに細かく，① 間接輸出，② ライセンシング，フランチャイジング，長期取引関係，契約設定，合弁会社（均等・少数）あるいは資本参加，③ 合弁会社（多数，均等），完全所有子会社と分類している．ライセンシングは前述したように，ライセンサーがライセンシーに技術やノウハウなど知的所有権を使用する権利を認める代わりにロイヤルティを支払うことである．フランチャイジングは，フランチャイザーがフランチャイジーにフランチャイザーの商号・商標を地域を限定して（期間を限定して）使用する権利を認める代わりに，ロイヤルティを支払うことである．フランチャイジングには，アドバイスなど支援の提供も含まれている（竹田，1992）．

　学習経験やリスク負担から①から②を経て③に至るのが一般的である．また，①より②，②より③のほうが，本国の現地に対する支配は強くなるものの，取引の柔軟さは失われていく．前述した戦略提携は，長期取引関係から合弁会社（均等・少数）あるいは資本参加までとされている．ここではライセンシングやフランチャイジングは①の間接輸出の代替として，合弁会社（均等・多数）は③の完全所有子会社の代替として考えられるため，戦略提携にカテゴライズされていないが，微妙なところであろう．いずれにせよ，②の大部分を占める戦略提携は，輸出から完全子会社までの途中段階であり，輸出や完全子会社を代替し，補完するものであると考えられるのである．

　グローバルな経営において戦略提携が必要なのは，なによりも経験が蓄積されていないためである．政治・法律・習慣・意識の違いがさまざまな摩擦を生む．市場の動きを見誤ることもあるだろう．労働者への接し方を間違えれば裁判沙汰になる．業者とのやりとりもルールがあるかもしれない．学習する機会を増やすためにも，リスクを回避するためにも，現地のパートナーと提携関係を結ぶことは有益である．また，現地のパートナーと提携関係を結ぶことで，現地のナショナリズム（国民感情）を刺激しないで済むこともある．さらに，現地の有名な会社とパートナーを組むことで，正当性を得られることもあるだ

ろう(現地の会社が海外の有名な会社とパートナーを組みたがることもある).

演・習・問・題

問1 個人と個人のパワー関係について考えてみよう.
問2 合併・買収の長所と短所をまとめなさい.
問3 戦略提携のケースを調べなさい.

参考文献

経営能力開発センター(2003)『経営学検定試験公式テキスト①経営学の基本』中央経済社
高橋伸夫編(1996)『未来傾斜原理―協調的な経営行動の進化』白桃書房
竹田志郎(1992)『国際戦略提携』同文舘
山倉健嗣(1993)『組織間関係―企業間ネットワークの変革に向けて』有斐閣

《推薦図書》

1. 山倉健嗣(1993)『組織間関係―企業間ネットワークの変革に向けて』有斐閣
   資源依存モデルをはじめ組織間関係に関する理論の系譜を整理.
2. 佐々木利廣(1990)『現代組織の構図と戦略』中央経済社
   資源依存モデル以外にも組織間関係の諸理論が多数紹介されている.
3. 高橋伸夫編(1996)『未来傾斜原理―協調的な経営行動の進化』白桃書房
   ゲーム理論の囚人のジレンマを乗り越え,協調が生まれるアクセルロッドの理論を紹介.
4. 竹田志郎(1992)『国際戦略提携』同文舘
   グローバル経営における戦略提携の意義について丁寧に解説.

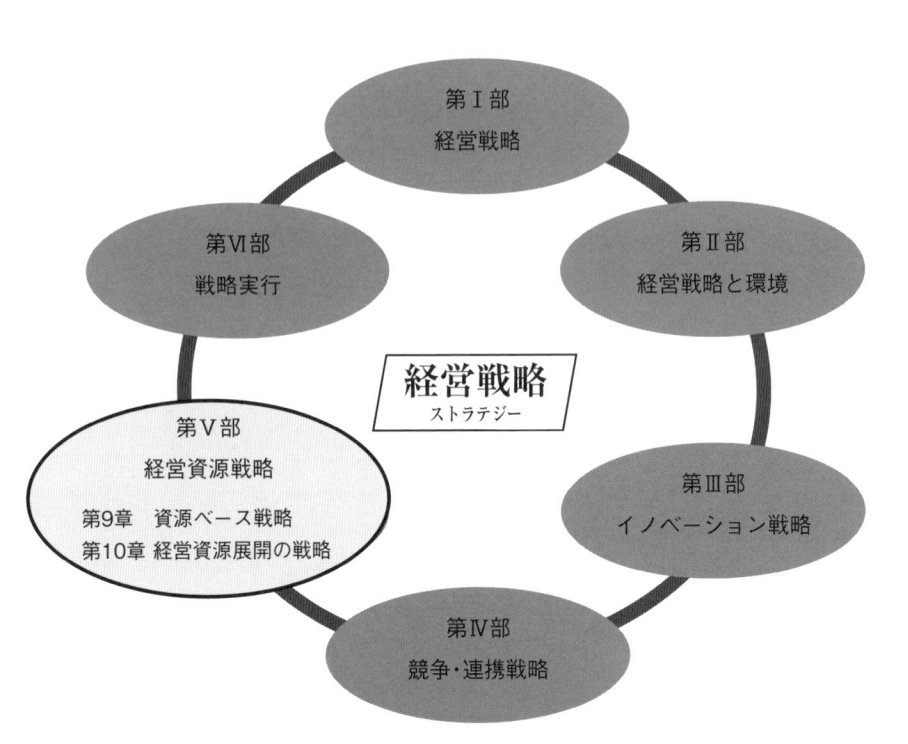

第 V 部
経営資源戦略

- 第Ⅰ部 経営戦略
- 第Ⅱ部 経営戦略と環境
- 第Ⅲ部 イノベーション戦略
- 第Ⅳ部 競争・連携戦略
- 第Ⅴ部 経営資源戦略
  - 第9章 資源ベース戦略
  - 第10章 経営資源展開の戦略
- 第Ⅵ部 戦略実行

経営戦略
ストラテジー

第9章の要約

　1980年代までの経営戦略とは，企業の活力を向上させ，熾烈な企業間競争における生き残りのための施策を導き出すことに重点がおかれてきた．コスト面における優位性の構築や差別化戦略の展開などが当時の企業に与えた影響ははかりしれない．

　しかし90年代以降の経済の低成長・停滞基調の中で企業がとるべき（正しくはとれ得る）対策には自ずと限界がみえはじめるとともに，そうした状況の中で浮上してきたのが経営資源に主眼をおいた戦略の構築である．

　価値のある経営資源，独自性の高い経営資源，そして他に模倣されることを困難とする経営資源を有する企業だけが持続的な競争優位性を構築できるとする新しい考え方は，まさに企業に「無い袖は振れない」ということの意味を突きつけるものである．

　「資源ベース戦略」といういまもっとも新しいコンセプトについて，以下にみてみることとする．

第9章　資源ベース戦略

1. コア・コンピタンス理論

　つねに急速かつ複雑に変化をきたす企業経営環境の中にあって，90年代以降の停滞経済に直面する企業にとって，いかに競争優位を持続的に構築させ，戦略的経営を展開させていくかが課題とされるなか，1994年に1冊の本が衝撃的に登場した．ハメルとプラハラード（Hamel, G. and C. K. Prahalad）の2人の手による『コア・コンピタンス経営』（*Competing for the Future*）がまさにそれであり，閉塞感がただよう経営戦略研究領域においては，ある種の新しさもあいまって，多くの経営関係者の関心を寄せることとなった．

　コア・コンピタンス（core competence）とは，「顧客に対して，他社にはまねのできない自社ならではの価値を提供する，企業の中核的な力」を意味するものとされ，おおよそつぎのように整理される（Hamel and Prahalad, 1994）．

　① 企業の持続的な競争優位性はその製品にあるのではなく，彼らのもつコア・コンピタンスにある．

　② コア・コンピタンスは，複数の製品を生み出す源となり，それによって複数のビジネス・ユニットが生み出される．樹木にたとえるならば，

　　　最終製品……葉や花や果実

　　　ビジネス・ユニット……小枝

　　　コア製品……幹や大きい枝

　　　コア・コンピタンス……根

である．

　③ 組織に付随するコンピタンスの重要性もまた認識されている．

　④ コア・コンピタンスの構築には集中化が必要とされる．

　⑤ コア・コンピタンスという視点が示唆しているのは，大企業や複数の事業部門をもつ企業に対しては，戦略的ビジネス・ユニット（SBU）の集合体という見方だけではなく，個別のビジネス・ユニットには必ずしも納まりきれな

いコンピタンスの束という見方も必要である．

　⑥　企業のコア・コンピタンスの特定とその開発がうまくいくかどうかは，その企業の戦略的なアーキテクチャーに依存している．

　ただ実際にハメルとプラハラードがいうコア・コンピタンスとは，企業に次第に蓄積されることによって形成される独自の技術的優秀性を意味しており，それが当該企業にとっての戦略的経営の中心的課題であると示唆したのであった．事実，何がコア・コンピタンスであり，何がコア・コンピタンスではないかという区別に関しては混同される場合が多い．

　また，コアの企業力であるコア・コンピタンスはつぎの3つの条件を満たす必要がある．

　①　コア・コンピタンスは，顧客に認知される価値（顧客価値）を他のなによりも高めること．（コア・コンピタンスとはスキルであり，それがあるから企業は根本的な利益を顧客に提供できる．）

　②　コアの企業力として認められるためには，ユニークな競争能力でなければならない．（特定企業の企業力のレベルが他社に比べて数段優れているのでない限り，業界のどこにもあるような能力をコアと定義づけるべきではない．）

　③　コア・コンピタンスを定義づけるにあたっては，現在，企業がどういうかたちで特定製品に使われているかはできるだけ忘れて，新しい製品分野に同じ企業力をどう使うことができるのかということを管理職は真剣に考えなければならない．

　ハメルとプラハラードがこうした概念の提起にいたった背景としては，それまでの企業経営と，そのための戦略があくまでも利益の追求にあり，とくに80年代後半にかけての時期においては，いわゆるリストラクチャリング（事業の再構築）をはじめとする戦略手法が主流とされてきた経緯がある．たしかに当時はリストラクチャリング自体も企業の戦略的経営に対する有効性の高いものとして位置づけられ，関心をよせたが，ハメルらはあくまでも小手先の対処法のひとつに過ぎないとの懸念を抱いていたのである．別のいい方をするな

らば，当時の戦略的手法のほとんどは，あくまでもその時点までの業績および関連データの収集，分析を中心とするものであり，すなわち，過去の経営状況の分析からの要因抽出に過ぎぬものであった．そのため，将来志向的な要因を導き出すには有効性がほとんど期待できない状況にあった．また同時に，コア・コンピタンスとその他の競争優位とを区別することが重要とされるのは，企業が資産やインフラを基盤とした競争優位に安住し，独自の企業力を構築するための投資を怠りがちである点にある．

　コア・コンピタンスに関する論点は，不確実性の高い経営環境において，企業がつねに環境に適応（場合によっては，先取り）しながら，能動的に活動を展開させていくためには，それぞれの企業が保有する独自の経営資源，とりわけ他社が模倣することが不可能であり，競争優位構築のための源泉となりうる良質の経営資源の確保こそが重要と説くものである．「企業戦略は事業単位の戦略を合わせたというだけのものではない．コア・コンピタンスは戦略を策定するためには最も重要で，長期的な展望を要するので，経営戦略の中心に据えられなければならない」とハメルとプラハラードが示唆する点はまさにそれである．

　さて，企業が保有すべきコア・コンピタンスについてハメルらは，特定の経営資源がコア・コンピタンスとなるためには，①多様な市場へのアクセスが可能であること，②最終製品が消費者の利益に対してあくまでも貢献すること，③競争企業が模倣することが困難であること，という3つの条件を備えていることが不可欠としている．

　また同時に，企業が追求すべきものは変革（イノベーション）であり，第1に，消費者のどのような期待をも上回り，誰にもイメージできないような製品やサービスをつくり出し，世界中の消費者に未来を眼前に示すことによって他社との違いを明確にすること，第2に，感動しながら野心を追及し，それが何を意味するのか深く理解し，未来に希望を抱かせ，人びとに活躍の場を提供して，管理職に大きな変化をもたらすことこそがこれからの企業経営において

第9章 資源ベース戦略

もっとも重要なことと示唆している.

2. リソース・ベースト・ビュー (RBV) 理論

(1) RBV 理論

1980年代初頭に登場した競争戦略論の中でも,ポーターによる競争優位性の構築を目的とした理論はあまりにも有名であることはいうまでもないことである.

ポーターは産業組織論の分析手法を用い,平均的収益性の高い産業領域におけるポジションの構築(戦略的ポジショニング)の重要性を説いた.そして,産業の平均的収益性を脅かす要因としての,①競合,②サプライヤー,③顧客,④代替物,⑤新規参入の5つを指摘するとともに,企業にとっての脅威ともいうべきこれらを無力化させるための施策として企業がとりうる手段を,①コスト・リーダーシップ戦略,②差別化戦略,③集中戦略の3点に集約させた.

こうしたポジショニングを基軸とするポーターの考え方に対し,個々の企業が保有する経営資源(リソース)の独自性に着目するとともに,質が高く,他社による模倣が困難な経営資源を有することが,持続的な競争優位性を構築するのにもっとも有効であるとする考え方が「リソース・ベースト・ビュー (resource-based view of the firm) 理論」とよばれるものである.

この考え方の背景のひとつとして存在するのが前節においてふれた「コア・コンピタンス理論」(1990年)である.プラハラードとハメルによる当該理論は,「個々の企業に存在する独自の中核的能力こそが当該企業の価値創造の源泉となる」とするものである.

リソース・ベースト・ビューは,企業の競争優位性構築の要因が,個々の企業が有する経営資源そのものに存在しているとするこれらの考え方の登場によって,特定の企業が持続的に競争優位性を維持し,高い収益性を維持し続けるといった事実の解明を可能とするものであり,その基本的前提は「経営資源

の異質性（resource heterogeneity）」と「経営資源の固着性（resource immobility）」におかれている．

(2) バーニーのRBV理論

　現在，アメリカのビジネススクールにおいて採用されている教材のスタンダードとなっているものに，バーニー（Barney, J. B., 2002）のRBV理論がある．

　バーニーはオハイオ州立大学に籍を置く当該研究領域における第一人者である．彼は個々の企業が保有する「経営資源の異質性」と，模倣困難な経営資源もしくは模倣に膨大なコストを必要とする経営資源の存在という「経営資源の固着性」に着目し，このような特性を有する経営資源が，ごく限られた企業によって所有される場合，その経営資源は競争優位の源泉となりうるとし，最近の事例として，ウォールマートやデルコンピュータなどをあげている．

　バーニーの理論のさらなる特徴として，「ケイパビリティ（capability）」がある．このケイパビリティも広い意味においては経営資源ととらえられるが，いわゆる経営資源が，ヒト（人的資本），モノ（物的資本），カネ（財務資本）といった有形の資源としてとらえられるのに対し，ケイパビリティとは，ブランド，技術力，企業文化などといった，無形の資源を意味する．従来の理論では，後者の無形の資源を競争優位の源泉として明確に位置づけることが困難であったが，企業経営の実態に即した場合に，見逃すことができないとともに，その理論化を可能とさせる意味において用いられる概念である．

　またバーニーの考えを特徴づけるものとして「VRIOフレームワーク」がある．これは個々の企業が保有する経営資源やケイパビリティが，果たしてその企業にとっての強みであるのか，もしくは弱みとなっているのかを判断する際の尺度となりうるものであり，「V（Value：経済価値の創造）」「R（Rarity：希少性）」「I（Imitability：模倣困難性）」「O（Organization：経営資源を有効に活用できる組織の存在）」の4つの要因を示すものであり，これらが実現されることにより，持続的な競争優位性の構築が可能となる（図表9－1）．とくに重

図表9-1 企業内部の強み・弱みを資源に基づいて分析する際に発すべき4つの問い

1. 経済価値に関する問い
   その企業の保有する経営資源やケイパビリティは，その企業が外部環境における脅威や機会に適応することを可能にするか．
2. 稀少性に関する問い
   その経営資源を現在コントロールしているのは，ごく少数の競合企業だろうか．
3. 模倣困難性に関する問い
   その経営資源を保有していない企業は，その経営資源を獲得あるいは開発する際にコスト上の不利に直面するだろうか．
4. 組織に関する問い
   企業が保有する，価値があり稀少で模倣コストの大きい経営資源を活用するために，組織的な方針や手続きが整っているだろうか．

出所）Barney, J. B., 邦訳（2003：250）

要なのは，一時的な競争優位ではなく，あくまでも持続的な競争優位を構築することこそが企業間競争において意味のあることであると主張している点である．

こうしたリソース・ベースト・ビューとVRIOフレームワークの考え方に基づくことにより，個々の企業が果たして競争優位を構築することが可能かどうか，競争優位の源泉を何にするか，またいったん構築した競争優位が果たしてどれだけ持続可能であるかどうかということについての分析を可能とし，そこにリソース・ベースト・ビューの意義が存在している．

3. 組織ケイパビリティ

経営資源の独自性と高付加価値性に着目した資源ベース論（RBV）において用いられる概念のひとつに「ケイパビリティ（capability）」がある．

今日，企業経営を論じる際に必ず触れられる経営資源であるが，その体系化を比較的早い段階で行ったのがワーナーフェルト（Wernerfelt, B.）であった．彼は価値のある人的（ヒト），物的（カネ），財務的（カネ），組織的属性を経営資源（リソース）としてとらえ，バーニーらがこの流れを引き継ぐかたちでリソース・ベースト・ビュー理論を構築していった（図表9-2参照）．

図表9-2 リソース・ベースト・ビューの意義

1. **企業における競争優位の責任**
   競争優位は全社員の責任である.
2. **競争均衡と競争優位**
   もし競合の行動を模倣するだけならば，競争均衡がもたらされるだけである．競争優位を獲得するには，自社が持つ価値あり稀少で模倣コストが大きい経営資源を開発するほうが，競合の持つ価値ある稀少な経営資源を模倣するよりもよい．
3. **実行困難な戦略**
   戦略の実行に伴うコストよりもその戦略が創出する価値が大きい限り，戦略実行の絶対的なコストよりも戦略実行の相対的なコストのほうが競争優位にとっては重要である．
   企業は自らの独自性を過大評価したり過小評価したりする可能性がある．
4. **社会的に複雑な経営資源**
   従業員への権限委譲，組織文化，チームワークは重要というだけでなく，持続的な競争優位の源泉にもなり得るものである．
5. **組織の役割**
   企業は価値ある，稀少な，模倣コストが大きい経営資源の活用を支援しなければならない．もしその経営資源と企業組織との間に矛盾や衝突が生じる場合は，組織を変えなければならない．

出所）Barney, J. B., 邦訳（2003：280）

　こうした経営資源を理論化の基礎とする考え方の中で，ケイパビリティの位置づけと解釈はやや難しいといわざるをえない．すなわち，ケイパビリティは企業が保有する経営資源の戦略的な組み合わせや活用を可能とする企業属性を意味し，それを経営者が主として実行する場合にはコア・コンピタンスを限定的にとらえたりすることが多い．しかし，それらの厳格な定義づけや，経営資源という一般的な解釈との差異を明確にすることはきわめて難しく，ここでは経営資源（リソース）を人的，物的，財務的，情報的資源としてとらえるのに対し，ケイパビリティをそれらの戦略的実践能力として，いわば前者が静的なものであるのに対して後者を動的なものとしてとらえることとする．ケイパビリティに関しては，ストーク（Stalk, G. P.）が現在の企業競争環境を「動きの戦争（war of movement）」としてとらえ，戦略の本質が企業の製品や市場の構成にあるのではなく，企業自体の行動のダイナミクスに存在すると説く一方で，野中らは組織内に内蔵された知識を生み出すダイナミックな能力がコア・コン

ピタンスの根底に存在しており，知識を創出する能力をケイパビリティと定義づけている（野中・竹内，1996：66-71）．

こうしたケイパビリティの実体を知るひとつの方法として，かつての「エクセレントカンパニー」や，「ビジョナリーカンパニー」にその例を求めることが有効とされ，なかでもケイパビリティの実体の一端を知るよい例としてコリンズとポラスによる『ビジョナリーカンパニー』（1995）に登場する企業事例のうちから一例を紹介する．

アメリカといえば小売流通産業の最先端といえるが，その中にノードストローム（Nordstrom）社がある．同社はアメリカを代表する百貨店のひとつとして有名であるが，それ以上に有名なのが，同社の従業員の忠誠心の高さや，顧客サービスの高さ，給料の高さなどの，いわば"いいことづくし"としての評判である．実際，同社の従業員たちは自らの仕事場を"ノーディー（Nordy）"とよび，独特の価値観と満足感を共有している．なかでも顧客に対するサービスがきわめて高く，そのことに対する顧客からのフィードバック（顧客からの礼状などの手紙など）を得た従業員は"顧客サービス・オールスター"とよばれ，同僚たちからの尊敬を集めるという．そうしたすぐれた従業員とはいったいどのような存在かを知る実際の出来事として，「買ったシャツをその日の午後の会議に着ていくという顧客のためにアイロンがけをした従業員」「ライバル店であるメーシーズで買った商品に対して，プレゼント用の包装を施した従業員」「冬の寒い日に，顧客のために，顧客が買い物をしている間に車を暖めておいた従業員」「年老いた車椅子の顧客のショールが車輪に絡まないように，新しいショールを手で編んだ従業員」「自宅で開くパーティに間に合わせるために，超特急でドレスを配達した従業員」「店では扱っていない自動車用タイヤチェーンの返品に対して，代金を返した従業員」をはじめとする例がある．

こうしたことが特定の従業員ではなく，じつに多くの従業員たちによって具現化されていることに，同社の人的資源という経営資源の質の高さと，それを支援する同社の文化の存在が証明されるが，従来の理論では，こうした文化的

図表9-3　ノードストローム社の理念

```
ノードストロームにようこそ

入社おめでとう．
わたしたちの第1の目標は
顧客に傑出したサービスを提供することです．
個人としての目標，職場での目標を，どちらも高く設定してください．
高い目標を達成できる能力があるはずと，わたしたちは確信しています．

ノードストロームの規則
その1――どのような状況にあっても，
自分で考え，最善の判断を下すこと．
これ以外の規則はありません．

疑問があれば，部門責任者，
店長，本社の部門責任者に
いつでも遠慮なく質問してください．
```

出所) Collins, J. C. and J. I. Porras, 邦訳 (1995：195-196)

側面の理論化が必ずしも十分ではなかったが，ケイパビリティという概念と，資源ベース理論の登場によって，企業が競争優位性を構築させる過程に関する分析が可能となったのである．

　ノードストローム社にみられるような強固で独自の文化を有する企業はほかにも IBM 社やウォルト・ディズニー社などにも共通してみられ，これらの企業は他社が追従・模倣することが不可能となるような組織ケイパビリティを有しているのである．

4. 知識創造企業

　広く社会はその歴史の中で，農業社会から工業社会へ，そしてさらなる進化した社会としての知識社会へと変貌してきたとの指摘がなされて久しいが，こうしたなか，アメリカを発信源とする経営理論が多い中で，わが国における企業経営の優秀性ならびに特殊性を説く理論のひとつであり，最近の経営学研究の中でもひとつの潮流となったものに「知識創造企業理論」がある．これは野中郁次郎と竹内弘高によって提起されたものであり，日本企業の製品開発能力

の高さと，それによる成功の要因の解明を図った画期的な研究と位置づけられる．

　野中らは日本企業の成功を「組織的知識創造」の技能・技術にあるとし，その主因である「組織的知識創造」を「新しい知識を創り出し，組織全体に広め，製品やサービスあるいは業務システムに具体化する組織全体の能力」と定義づけると同時に，組織のもっとも基本的で普遍的な要素としての「人間知」こそが日本企業成功の根本要因であるとした．

　当該概念が一般化することによって，知識という概念を企業経営と関連づけてとらえることに対する抵抗感はかなり薄らいだともいえるが，依然としていくらかの違和感を払拭することはできない．この点について野中らは，企業組織が知識をどのようにするかについての考え方を根本的に変更することを目的として，企業組織は単に知識を"処理する"だけではなく，むしろ"創造する"ものであるとの認識に立ち，この組織的知識創造こそが日本企業にとっての国際競争力の源泉にほかならないとした．

(1) 知　識

　さて，ここであらためて「知識」というものについて検討しておくこととする．知識とは，「ある事項について知りえていること」であり，「認識によって得られた成果であり，原理的かつ統一的に組織づけられ，客観的妥当性を要求し得る判断の体系」と解されている（新村，1979）．

　人間が有する知識においては異なる2種類の知識，すなわち「形式知 (explicit knowledge)」および「暗黙知 (tacit knowledge)」が存在している．「形式知」とは，「文法にのっとった文章，数学的表現，技術仕様，マニュアル等にみられる形式言語によって表すことができる知識」とされ，「形式化を可能とする知識」ともとらえられるものであり，西洋哲学の伝統における主要な知識のあり方とされるものである．それに対し，「暗黙知」とは，形式言語では表現することが困難なものであり，「人間一人ひとりの体験に根ざす個人的

図表9-4 暗黙知と形式知の対比

暗　黙　知	形　式　知
主観的な知（個人知）	客観的な知（組織知）
経験知（身体）	理性知（精神）
同時的な知（今ここにある知）	順序的な知（過去の知）
アナログ的な知（実務）	デジタル的な知（理論）

出所）野中郁次郎・竹内弘高（1996：89）

な知識であるとともに，信念，ものの見方，価値システムといった無形の要素を含む」ものととらえられる．また暗黙知は技術的側面と認知的側面の異なる要素を含んでおり，前者はいわゆる"ノウハウ"とよばれるのに対し，後者は"スキーマ"，"メンタル・モデル"，"思い"，"知覚"とよばれるものであり，無意識に属し，表面化することがほとんどないものであり，いわば周囲の世界をいかにとらえるかといった一種の世界観のようなものとされる．

こうした「知」に関するとらえ方においては，わが国では独自の考え方が存在しており，とりわけ暗黙知を組織構成メンバー間において共有・伝達するためには誰にでも理解可能な言葉などに変換されることが必要とされるとともに，そのことによって暗黙知から形式知への変換，またはその逆への変換が可能となる．

(2) 知識創造企業

こうした組織（企業）が有する知識と，その変換メカニズムに着目するとともに，知識変換プロセスと経営との関係を理論化したものが「ナレッジ・マネジメント（knowledge management）」とよばれるものである．

これは，暗黙知と形式知からなる知識が社会的相互作用を経て新たなる知識として創造されることを前提とした新しい企業観を内容とする．

ここでの知識の社会的相互作用とはつぎの4つのプロセスからなる（野中・竹内，1996：83-141）．

図表9－5　4つの知識変換モード

```
              暗黙知           暗黙知
         ┌──────────────┬──────────────┐
         │   共同化      │   表出化      │
  暗黙知  │ Socialization│Externalization│ 形式知
         ├──────────────┼──────────────┤
         │   内面化      │   連結化      │
  暗黙知  │Internalization│ Combination │ 形式知
         └──────────────┴──────────────┘
              形式知           形式知
```

出所）野中・竹内（1996：93）

① 共同化（socialization）

経験を共有することによって，メンタル・モデルや技能などの個人の暗黙知から組織の暗黙知を創造するプロセスを意味し，具体的な一例としては，観察，模倣，練習によって技能を習得することを内容とする段階を指す．

② 表出化（externalization）

暗黙知を明確なコンセプトとしての形式知に表すことを意味し，当初の暗黙知がメタファーやアナロジー，コンセプト，仮説，モデルなどの形をもって形式知へと変換，明示されるプロセスを意味する．とりわけ，知識創造プロセスにおいてもっとも重要なプロセスと位置づけられる．

③ 連結化（combination）

コンセプトを組み合わせることによってひとつの知識体系を創出するプロセスを意味し，異なる形式知同士の組み合わせによる体系的な形式知の創造プロセスを指す．

④ 内面化（internalization）

形式知を暗黙知へと体化するプロセスを意味し，組織構成メンバーがその体

験を「共同化」「表出化」「連結化」の各プロセスを通じて，メンタル・モデルや技術的ノウハウといったかたちで暗黙知として内面化されるプロセスを指す．具体的には書類，マニュアル，物語（story）などに言語化もしくは図式化されることにより暗黙知へと変換される．

このような知識変換プロセスを通じて，個人が有する暗黙知としての知識がいったん形式知化され，他のメンバーとの知識の交換・共有されるとともに，最終的には組織（企業）の暗黙知へと変換されることによって，当該組織にとっての固有の資源となるとともに，絶対的かつ持続的な競争優位の源泉となるのである．

こうした一連の知識変換プロセスが現実のものとして機能するためには，そうした動きを支援する組織的基盤としてのカルチャー（組織文化）や組織構成メンバーの積極的な知識活動が不可欠の要素とされ，これらの準備に対する卓越した能力を有する企業を知識創造企業とよぶとともに，これから求められる企業像のひとつとされているのである．

演・習・問・題

問1 資源ベース論とはどのような考え方か，説明しなさい．
問2 コア・コンピタンスと経営戦略との関係について説明しなさい．
問3 ケイパビリティとは何か，説明しなさい．

参考文献

Barney, J. B. (2002) *Gaining and Sustaining Competitive Advantage*, 2nd ed., Pearson Education Inc.（岡田正大訳『企業戦略論（上・中・下）』ダイヤモンド社，2003年）

Collins, J. C. and J. I. Porras (2002) *Built To Last*, Curtis Brown Ltd.（山岡洋一訳『ビジョナリーカンパニー』日経BP出版センター，1995年）

Hamel, G. and C. K. Prahalad (1994) *Competing for the Future*, Harvard Business School Press.（一條和生訳『コア・コンピタンス経営』日本経済

新聞社,1995 年)
新村出編(1979)『広辞苑 第二版』岩波書店
野中郁次郎・竹内弘高(1996)『知識創造企業』東洋経済新報社

《推薦図書》

1. Hamel, G. and C. K. Prahalad (1994) *Competing for the Future*, Harvard Business School Press.(一條和生訳『コア・コンピタンス経営』日本経済新聞社,1995 年)
   資源ベース論の具体的ケースとしての中核的能力の重要性を説く.
2. Collins J. C. and J. I. Porras (1994) *Built To Last*, Curtis Brown Ltd.(山岡洋一訳『ビジョナリーカンパニー』日経 BP 出版センター,1995 年)
   これからの企業のあるべき姿としての"ビジョナリー"を提言.
3. Barney, J. B. (2002) *Gaining and Sustaining Competitive Advantage*, 2nd ed., Pearson Education, Inc.(岡田正大訳『企業戦略論(上・中・下)』ダイヤモンド社,2003 年)
   資源ベース論のテキスト的存在.最先端の戦略論として必読の大著.
4. 野中郁次郎・竹内弘高(1996)『知識創造企業』東洋経済新報社
   わが国発の数少ない戦略論の一冊.世界的に「ナレッジマネジメント」を知らしめた.

第10章の要約

　戦略は環境と資源によって左右される．刻一刻と変化する環境がもたらす機会と脅威に対応すること，蓄積や獲得に限界がある資源を効率的に展開することが求められる．前者に重心を置くのが，多角化戦略である．後者の手法として有名なのがプロダクト・ポートフォリオ・マネジメントである．

　アンソフの見解に基づき，市場浸透戦略，市場開拓戦略，製品開発戦略，多角化戦略の相違点を明確にしよう．シナジー効果をはじめ，多角化戦略が選択される理由にも触れる．専業型，本業中心型，関連型，非関連型など多角化戦略にもレベルがあり，レベルによって成長性や収益性に違いがあることが説明される．

　プロダクト・ポートフォリオ・マネジメントについて，前提となっているライフサイクル曲線や経験曲線について検討を加える．戦略事業単位について市場成長率と市場占有率によってキャッシュフローが判断され，戦略事業単位への資源の蓄積と配分が効果的・効率的になされることが理解されよう．もちろん，プロダクト・ポートフォリオ・マネジメントも万能ではない．指摘されている問題についても触れる．

第10章　経営資源展開の戦略

1. 多角化戦略

(1) 多角化戦略の位置づけ

　キヤノンという会社はもちろん現在でもカメラのメーカーとして有名であるが，カメラだけ扱っているのではない．1967年，当時の御手洗毅社長が「右手にカメラ，左手に事務機」を合言葉に，計算機や複写機へと事業を拡大した．実は，カメラ以外の商品を狙ってシンクロリーダーとよばれる磁気録音再生装置を開発したが，失敗に終わっていた．しかし，シンクロリーダーの開発で培った技術を活用して計算機キャノーラの開発に成功した．カメラ事業においても，全自動の一眼レフカメラを開発し，大ヒットさせた．複写機やファクシミリでもシェアを拡大していった．まさに，カメラのメーカーだけではなく，事務機のメーカーとしても有名になったのである．また，実験中にはんだごてがインクが入った注射器に触れて，インクが吹き出したことからバブルジェット技術が生まれ，インクジェット・プリンタを開発した．レーザー・プリンタとあわせてプリンタ事業もキヤノンの中核となっている．

　環境の変化がいちじるしく，予測できなくなればなるほど，あるいは，資源に制約があり，蓄積や配分が容易でなければないほど，戦略は重要なものとなる．仮に，資源に余裕があれば，あるいは利用していない資源があるならば，環境の変化に合わせ，あるいは変化を見越した戦略をとることができる．多角化戦略である．キヤノンのように，成長しそうな分野や利益があがりそうな分野を求め，既存の分野と異なる新規の分野で事業を営むことで存続・成長しようとするのが多角化戦略である．

　アンソフ（Ansoff, H. I., 1965）によれば戦略は，意思決定のルールや指針であるとし，構成要素として，製品・市場の範囲（分野），成長ベクトル，競争上の利点，シナジーをあげている．製品・市場の範囲とは，探求すべき分野，すなわち事業である．大雑把でよい．おおよその事業が決まれば，既存の製品

か，新規の製品か，あるいは既存の市場か，新規の市場かによって製品・市場のマトリクスができる．製品・市場のマトリクスのどれを選択するか，方向を示すものが成長ベクトルである．進出する分野が決まれば，その特徴が洗い出される．これが競争上の利点である．しかし，環境のことだけでは十分ではない．資源のことも考えなければならない．進出するにあたり，資源の強みと弱みをはっきりさせ，シナジーを考慮しなければならない．シナジーについては後述する．

ここでは成長ベクトルについてさらに詳しくみていくこととする．市場と製品の組み合わせによって，市場浸透，市場開拓，製品開発，多角化が考えられる（図表10－1参照）．

既存市場・既存製品の組み合わせは，市場浸透である．広告・宣伝などに力を注いで購買意欲を刺激するとともに，競争相手から占有率（シェア）を奪って，売上を伸ばすことである．

新規市場・既存製品の組み合わせは，市場開拓である．対象にしてこなかっ

図表10－1　多角化戦略

製　品

		既　存	新　規
市場	既存	市場浸透戦略	製品開発戦略
	新規	市場開発戦略	多角化戦略

出所）Ansoff, H. I., 邦訳（1990：147）

た性別・年齢・所得・地域などの消費者に対して，既存の製品・サービスをアレンジして提供することである．

既存市場・新規製品の組み合わせは，製品開発である．既存の消費者を対象として，技術改良もしくは技術革新によって，品質を向上させたり，新機能を盛り込んだり，まったくコンセプトが異なったりするような製品・サービスを提供することである．

そして，新規市場・新規製品の組み合わせが多角化である．なじみがない消費者たちに，取り扱ったことのない製品・サービスを提供することであり，市場浸透，市場開拓，製品開発と比べ物にならないくらいリスクが大きいはずである．消費者がどのような行動をするのか，ライバルがどのような行動にでるのか，どんなトラブルが待ち受けているのか，まったく予測できないであろう．蓄積してきたノウハウやマニュアルは役に立たないかもしれない．険しい道であるといえよう．

（2）多角化戦略の動機

険しい道であるにもかかわらず，多角化戦略が選択されるのは，以下の理由からであると考えられる．

① 未利用資源の有効活用のため．既存の事業で資源が活用しきれていない場合，たとえば技術，ブランド，流通チャネルなどを新規の事業でも共通して利用できれば，効率的な経営が可能となる．いわば範囲の経済である．

② 成長あるいは収益が見込める分野があるため．伊丹・加護野によれば，成長するがゆえに効率的な経営が可能になるという．組織が成長していれば，若年労働者をどんどん雇い，ポストも十分に準備でき，昇進がしやすくなる．やる気がみなぎり，活気あふれる職場になる（伊丹・加護野，2003）．

③ 既存の事業では成長あるいは収益が見込めないため．競争に敗れても，市場が成長していれば，利益にあずかることができる．また，逆転できる余地はある．逆に市場が成長しなくても，競争に勝っていれば，利益を十分にあげ

られる．しかし，競争に敗れてしまうと，まったくうま味がなくなってしまう．

④　リスクを分散させるため．既存の事業にしがみついていると，環境が変化してしまうと最悪の場合，組織の存続が危ぶまれることになる．環境の変化によるダメージを食い止めるためにも，新規の事業に進出して，現在と異なった環境とも関わっていくことが求められる．

⑤　シナジー効果を狙うため．シナジー効果とは，異なったものを別々にしながら加える（部分和）よりも，異なったものを一緒にして加えた（総合和）方が大きくなることである．ひとつの組織が異なる事業を一緒に営むことで，別々の組織でそれぞれ事業を営むよりも効率的な経営ができるということである．異なる事業を一緒に営むことで，資源を共有し，補完しあうことができる．販売チャネルを共有したり（販売シナジー），生産設備を共有したり（生産シナジー），共同で研究開発したり（投資シナジー），知識やノウハウを共有したりする（マネジメントシナジー）ことである．

なんでも資源を共有すれば良いのかといえばそうではない．一緒にすることでかえって煩瑣な手続きが必要になってしまうこともある．シナジーはプラスのものばかりではない．マイナスのシナジーもあるのである．

(3) 多角化戦略の分類と成果

ひとくちに多角化戦略といっても，既存の事業と新規の事業が関連しているものもあれば，まったく関連していないものもある．事業と事業の関係はまちまちであり，分類が必要となる．メインとなる事業が売上高のほとんどを占めるような場合，専業型とよばれている．

専業型ほどではないにせよ，メインとなる事業がサブとなる事業よりかなり大きい場合を本業型という．メインもサブもない場合，事業が関連するかどうかが問題になる．関連する分野へ進出し，まとまって事業を展開する場合を関連型という．反対に関連しない分野に進出し，ばらばらに事業を展開する場合は非関連型とよばれる．

第10章 経営資源展開の戦略

　これらの分類と成長性と収益性の関係をみてみると，専業型より本業型，本業型より関連型，関連型より非関連型のほうが，利益成長率などの成長性が高くなる．非関連型において顕著となるように，成長する分野につぎからつぎへと進出していくのであるから，当然の結果であろう．非関連型であっても，成長性が下がることもある．管理の限界に達してしまうからと考えられている（伊丹・加護野，2003）（図表10－2参照）．

　また，自己資本利益率など収益率についていえば，本業型や関連型が高い．専業型や非関連型は低い．資源の共有によって効率を追求する，いわば前述したシナジー効果が働くためと考えられている．

　同様のことが，集約型と拡散型という分類にもいえる．各々の事業が資源を共有し，網の目状に結びついている場合を集約型とよぶのに対して，資源が分

図表10－2　多角化戦略の効果

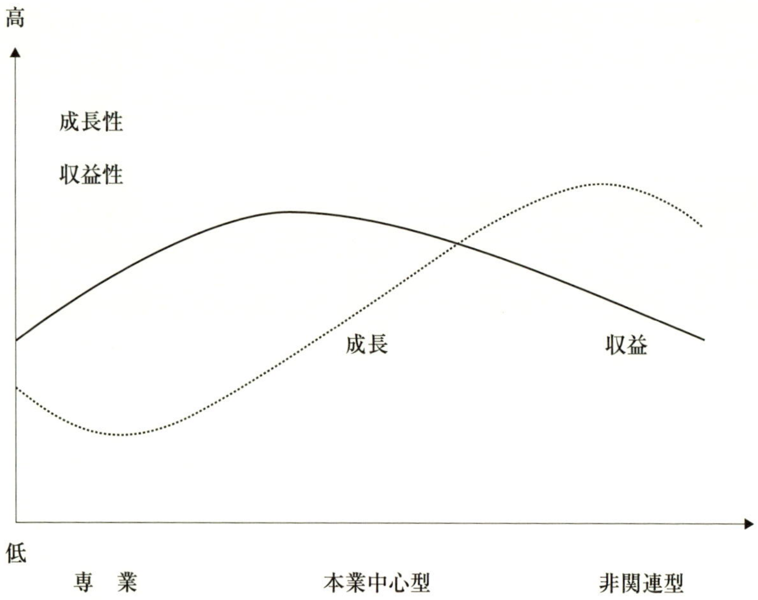

縦軸：高／低（成長性・収益性）
横軸：専業　本業中心型　非関連型
曲線：成長，収益

出所）吉原英樹ほか（1981：180）

散され，事業から枝葉が分かれるように広がる場合を拡散型とよぶ．拡散型の方が成長性にすぐれている一方で，収益性においては集約型の方がすぐれている．

2. プロダクト・ポートフォリオ・マネジメント

(1) 多角化戦略から事業転換戦略へ

多角化戦略は，資源の制約よりも環境の変化を優先させたものであるといえる．もちろん，資源の制約がない組織なんてほとんど存在しない．多角化戦略をとるといっても，限られた資源をやりくりしながら，なんとか新規の事業に進出しようとするのである．すなわち，効率的に，かつ効果的に資源を蓄積し，配分する努力が必要不可欠なのである．新規の事業に進出しながらも，既存の事業から撤退することも辞さない．事業転換戦略（リストラクチャリング）である．

しかし，リストラクチャリングはむずかしい．新規の事業が成長するかどうか判断がなかなかできない．成長することがわかっても，ライバルに勝てるかどうかわからない．ライバルがたくさんいれば，競争が激しくなってしまい，思うように利益が上がらないかもしれない．既存の事業が衰退してしまうかも微妙である．技術革新によって復活するかもしれない．既存の事業ではライバルを熟知しており，逆転できるかもしれない．そうやすやすと撤退できない．成長させるためにさんざん投資してきたのであるならばなおさらである．

さらに組織の問題も絡んでくる．実績がある既存の事業と未知の新規の事業ではパワーが違って当たり前である．資源の蓄積と配分を決めるときに，パワーのあるなしで決まってしまうのならば，新規の事業は葬り去られてしまうことになる．

既存の事業も新規の事業もあらゆるものについて，成長するかどうか，利益が上がるかどうか，判断しなければならない．財務的資源について言及するならば，資金をどの事業から回収し，資金をどの事業に投入するか，納得のいく

方法がしっかりと確立されなければならない．多角化戦略によっていくつかの事業を抱えた企業が悩んだこれらの問題に対処するために，ボストン・コンサルティング・グループは，プロダクト・ポートフォリオ・マネジメントという手法を開発した．

ポートフォリオとは，もともと紙ばさみや折かばんのことである．次第に投資家たちの資産の内訳を表すようになった．さらに，組み合わせという意味もある．いわば，プロダクト・ポートフォリオ・マネジメントは，複数の事業に対して資源を蓄積し，配分する適切な方針を示してくれるものなのである．

資源を回収する事業もあれば資源を投入する事業もある．プロダクト・ポートフォリオ・マネジメントにおいては，キャッシュフローによって決める．キャッシュフローとは，税引き後決算期利益から配当金と役員賞与を引き，減価償却を足したものであり，事業が生み出す収入（資金の流入）と事業に投入すべき支出（資金の流出）の差額である．資金の流入と資金の流出は，市場成長率と市場占有率によって判断されることとなる．

(2) 市場成長率

市場は生き物のように，誕生し，成長し，成熟し，やがて衰退していく．研究・開発によってアイデアが商品となり，発売される．供給者と需要者がそろえば市場が誕生する（導入期）．改良によって品質や機能が良くなり，広告・宣伝などによって次第に商品が世の中に浸透してくるにつれて，需要者が増えてくる．製造技術も進歩して，コスト・ダウンも可能になり，価格が下がればさらに需要者が増える．需要者が増えてくれば，供給者も増えてくる．競争のはじまりである．競争によってさらなる改良が施され，コスト・ダウンが進む．需要者がまた増える（成長期）．しかし，世の中にひととおり商品が行き渡ると，需要者は増えなくなる．改良も出尽くし，コスト・ダウンも限界にくる．ブランドが確立し，競争の勝敗がついてくる．供給者も減ってくる（成熟期）．ついには，技術革新により，次世代の商品が発売され，需要者も供給者も少な

くなる（衰退期）．もちろん，商品がまったく世の中に受け入れられず，導入期で終わってしまうものもある．

　こうした市場の誕生から衰退までを商品のライフサイクルとよぶ．商品のライフサイクルが意味するのは，キャッシュフローのうち，資金流出の問題である．導入期には，商品にするために研究・開発に莫大なコストがかかる．世の中に商品を知らしめるために広告・宣伝にもずいぶんとコストがかかる．成長期には，商品の改良やコスト・ダウンのために研究・開発に投資しなければならない．生産を増強するために工場や機械などの設備投資に湯水のごとく使わなければならない．競争が激しくなるため広告・宣伝にも力を抜けない．しかし，成熟期になると，競争もおだやかになり，研究開発にも，設備投資にも，広告・宣伝にも，コストがかからなくなる．衰退期にいたれば，コストをどうやって切り詰めるかだけになる（図表10－3参照）．

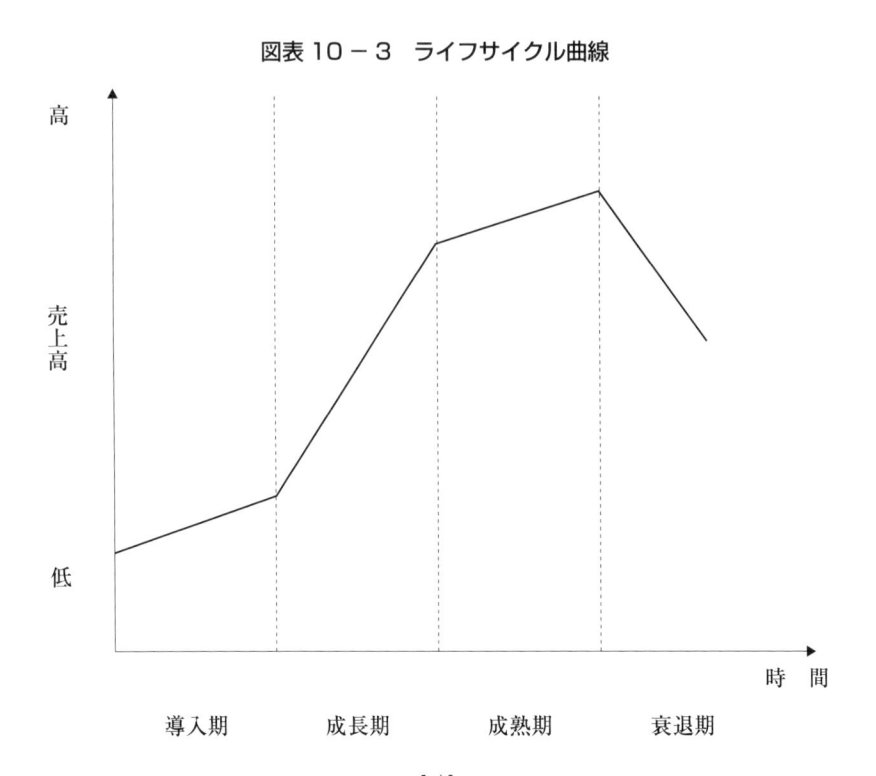

図表10－3　ライフサイクル曲線

市場成長率は，ライフサイクルという曲線の傾きによって表現されるが，導入期や成長期では傾きが急で，成熟期では傾きが緩やかになり，衰退期ではマイナスの傾きになる．したがって，市場成長率が高ければ高いほど資金流出が大きくなるのである．市場が成長すること，すなわちヒット商品が生まれることは，むしろ資金が湯水のごとく出て行くことを意味しており，単純に喜べないことがわかる．

(3) 市場占有率

ボストン・コンサルティング・グループによれば，商品の生産が開始されてから現在までの累積した生産量が倍増したとしたら，商品一単位を生産するためのコストが15〜20%程度低減されるという．これは経験効果とよばれる．累積生産量が増すにつれて，学習が重ねられ，ミスが減少するため（習熟効果），道具を使用する方法が標準的なものへと収斂されていくため（標準化），工程そのものに無駄がなくなり短縮されるため（工程改善），機械も改良されるため（設備改良），コストが低減していく．この経験効果は，企業規模が大きくなると単位あたり生産コストが減少するという規模の経済と異なることも付言しておく．経験効果をグラフにしたのが，経験曲線である（図表10-4参照）．

経験効果から考えられることは，累積生産量が違えば，コストが違うということである．在庫を抱えないものとすると，販売された量だけ生産されたことになるが，市場でライバルよりたくさん販売できれば，ライバルよりたくさん生産することができ，経験効果によって，ライバルよりコストを低減できる．市場でたくさん販売できることは，市場占有率が高いということである．

ライバルよりも市場を席捲していて，コストをより抑えることができるのであれば，価格を下げることができる．極端なことをいえば，ライバルのコストより価格を下げてしまえば，ライバルは価格を下げられない，あるいは価格を下げても赤字覚悟となる．ボストン・コンサルティング・グループの調査によ

図表10-4　経験曲線

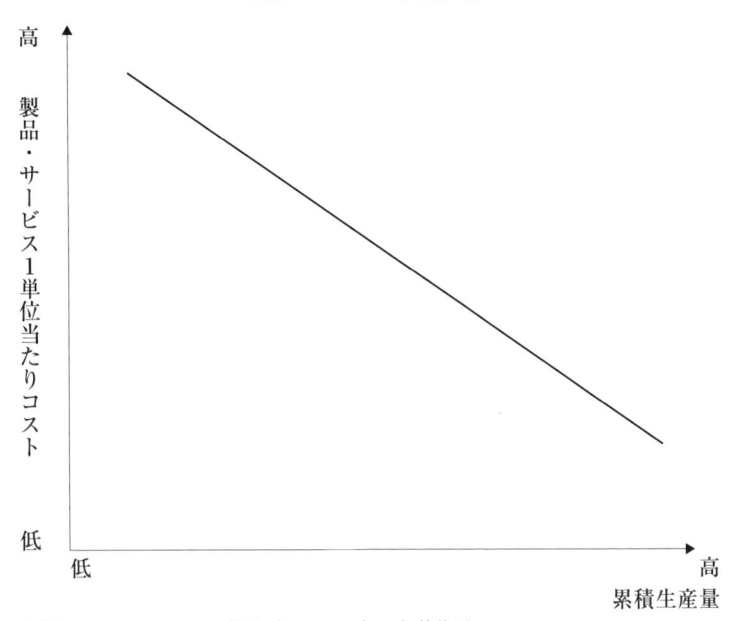

縦軸：製品・サービス1単位当たりコスト（低〜高）
横軸：累積生産量（低〜高）

出所) Henderson, B. D., 邦訳 (1981：189) に加筆修正

ると，利益が出せるのは，市場占有率の上位数社に絞られるという．したがって，市場占有率が高ければ高いほど，資金流入が大きくなるのである．なお，プロダクト・ポートフォリオ・マネジメントにおいては，業界でもっとも大きい競争相手の売上高に対する当該組織の売上高の比率という相対的市場占有率が使用される．

(4) 資源の蓄積と配分

資源の蓄積と配分の対象となる事業が明確に識別されていなければならない．プロダクト・ポートフォリオ・マネジメントにおいては，以下の①〜⑥に基づいて戦略事業単位が形成されることが前提となっている．戦略事業単位とは，① 単一事業である，② 明確な使命がある，③ 競争相手が存在する，④ 責任者たる管理者が存在する，⑤ 計画を独立して立案できる，⑥ 資源をコントロー

ルできる組織である．注意すべきことは商品別，地域別，市場別ではなく，戦略別にまとめられるということである．ドメインの問題でもある．

識別された事業について，市場成長率と市場占有率から，キャッシュフローについて検討する．市場成長率を縦軸に，市場占有率を横軸にマトリクスを構成する．以下で各々のマトリクスについて簡単に触れていこう．

① 負け犬は，市場成長率・市場占有率がともに低いマトリクスである．したがって，資金流出が少なく，資金流入も少ない．市場が成熟しているうえに，競争にも負けている．逆転はむずかしく，逆転したとしても，将来を望めない．資源をここにまわすことは躊躇われる．負け犬のマトリクスに入る戦略事業単位には「撤退せよ」という使命が与えられよう．

② 問題児は，市場成長率が高く，市場占有率が低いマトリクスである．資金流出が多く，資金流入が少ない．赤字である．しかし，撤退するとは限らない．なぜならば，市場が成長しており，品質を改善したり，機能を改良したり，広告・宣伝に力を入れることで，競争に勝てば，利益が上がるチャンスがある．

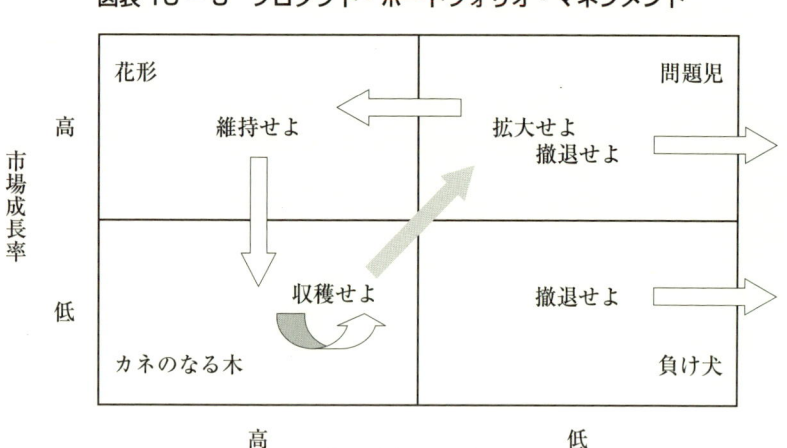

図表10－5　プロダクト・ポートフォリオ・マネジメント

	高 (相対的) 市場占有率	低
市場成長率 高	花形　維持せよ	問題児　拡大せよ／撤退せよ
市場成長率 低	カネのなる木　収穫せよ	負け犬　撤退せよ

出所）Henderson, B. D., 邦訳（1981：236）に加筆修正

「拡大せよ」という使命のもと，占有率を上げることで花形になれるのである．占有率を上げられず，市場が成熟してしまえば，負け犬になってしまう．花形にもなるし，負け犬にもなる，まさに問題児である．

③ 花形は，市場成長率・市場占有率がともに高いマトリクスである．資金流出も多いが，資金流入も多い．市場が成長しているため，研究開発や設備投資，広告・宣伝などにとにかくコストがかかる．占有率を維持していれば，やがて市場は成熟してきて，コストがかからなくなり，カネのなる木へとなっていく．「維持せよ」という使命が課せられる．

④ カネのなる木は，市場成長率が低く，市場占有率が高いマトリクスである．資金流出が少なく，資金流入が多い．ドル箱である．成熟した市場であるので，さらなる投資は控えられる．むしろ，「収穫せよ」という使命のもと，どんどん資源を吸い上げて，問題児などにまわすことが望まれる．

マトリクスごとに「撤退せよ」「拡大せよ」「維持せよ」「収穫せよ」という使命が戦略事業単位に与えられ，資源の蓄積と配分が決定される．ほとんどの事業は，問題児からスタートする．花形になるか，負け犬になるか，判断がむずかしい．花形になれば，ゆくゆくはカネのなる木になる．もちろん，いきなり花形になる事業もあるだろう．大切なことは，つぎのカネのなる木，つぎの花形，つぎの問題児を準備することである．負け犬を思い切って切り捨てられるかである．

(5) 問題点

以上のプロダクト・ポートフォリオ・マネジメントについて，いくつか疑問点が投げかけられているので紹介しよう．

① 事業を評価するのに市場成長率と市場占有率だけで判断してしまってよいのか，という問題である．あまりにも単純すぎるのではないか．市場は変化する．このまま成長するのか，技術革新によって，いきなり衰退してしまうのか．衰退にさしかかっていても，なにかのきっかけでリバイバルするかもしれ

ない．ライフサイクルを逆転するような技術革新があるかもしれない．競争も簡単ではない．価格で勝負するだけが競争ではない．品質やデザイン，ブランドで勝負をすることもある．占有率だけで競争は語り尽くせない．

② 戦略事業単位を形成することは意外にむずかしい．シナジー効果を考えると，資源を共有することが多いであろう．戦略事業単位は現実的なものかどうか．

③ 負け犬となった戦略事業単位を本当に撤退させてよいかという問題もある．前述したように，再生するかもしれない．また，シナジー効果を考えると，撤退できないかもしれない．崖っぷちの中から逆転するような商品が生まれることもある．あえて撤退させない場合もあるだろう．さらに，撤退によるダメージも考慮せねばならない．挑戦意欲を殺いでしまうことになりかねない．逆に，ずるずると撤退できずに，傷口を広げてしまうことも考えられる．

④ 新規の商品については市場も形成されておらず，競争も発生していない．プロダクト・ポートフォリオ・マネジメントは既存の商品にのみあてはまるのではないか．新規の商品については，やはり保護されなければならないであろう．

　資源の蓄積と配分を決めることによって，さまざまな影響が出ることを認識しなければならない．もちろん現在だけではなく，将来も左右してしまう．ただ，パワーに振り回されたり，トップの感情に左右されたり，歴史にこだわったりすることで，不透明になりがちな資源の蓄積と配分に関して，あくまで戦略の視点から事業を冷静に評価することで決めていこうとするプロダクト・ポートフォリオ・マネジメントは評価に値するものである．

演・習・問・題

問1 成長ベクトルについて具体例をあげてみよう.
問2 経営資源について調べてみよう.
問3 プロダクト・ポートフォリオ・マネジメントについて,キヤノンで考えてみよう.

参考文献

Ansoff, H. I. (1965) *Corporate Strategy*, McGraw-Hill. (広田寿亮訳『企業戦略論』産業能率大学出版部, 1969年)

Ansoff, H. I. (1988) *The New Corporate Strategy*, Wiley. (中村元一・黒田哲彦訳『最新・戦略経営』産能大学出版部, 1990年)

Henderson, B. D. (1979) *Henderson on Corporate Strategy*, Boston Consulting Group, Inc. (土岐坤訳『経営戦略の核心』ダイヤモンド社, 1981年)

伊丹敬之・加護野忠男 (2003)『ゼミナール経営学入門(第3版)』日本経済新聞社

吉原英樹・佐久間昭光・伊丹敬之・加護野忠男 (1981)『日本企業の多角化戦略』日本経済新聞社

《推薦図書》

1. 伊丹敬之・加護野忠男 (2003)『ゼミナール経営学入門(第3版)』日本経済新聞社
    戦略や組織についてすべてを網羅する. ケースも多く, 議論しやすい.

2. Ansoff, H. I. (1988) *The New Corporate Strategy*, Wiley. (中村元一・黒田哲彦訳『最新・戦略経営』産能大学出版部, 1990年)
    経営戦略から戦略経営への転換が丁寧に描かれている.

3. Henderson, B. D. (1979) *Henderson on Corporate Strategy*, Boston Consulting Group, Inc. (土岐坤訳『経営戦略の核心』ダイヤモンド社, 1981年)
    プロダクト・ポートフォリオ・マネジメントの原点となる著作.

4. 大滝精一・金井一頼・山田英夫・岩田智 (1997)『経営戦略―創造性と社会性の追求』有斐閣
    さまざまな戦略について, ケースを交えながらじっくり理解できる.

5. 亀川雅人・松村洋平（1999）『入門経営戦略』新世社
　　初学者には敷居が高い戦略論について身近な話題から丁寧に解説.

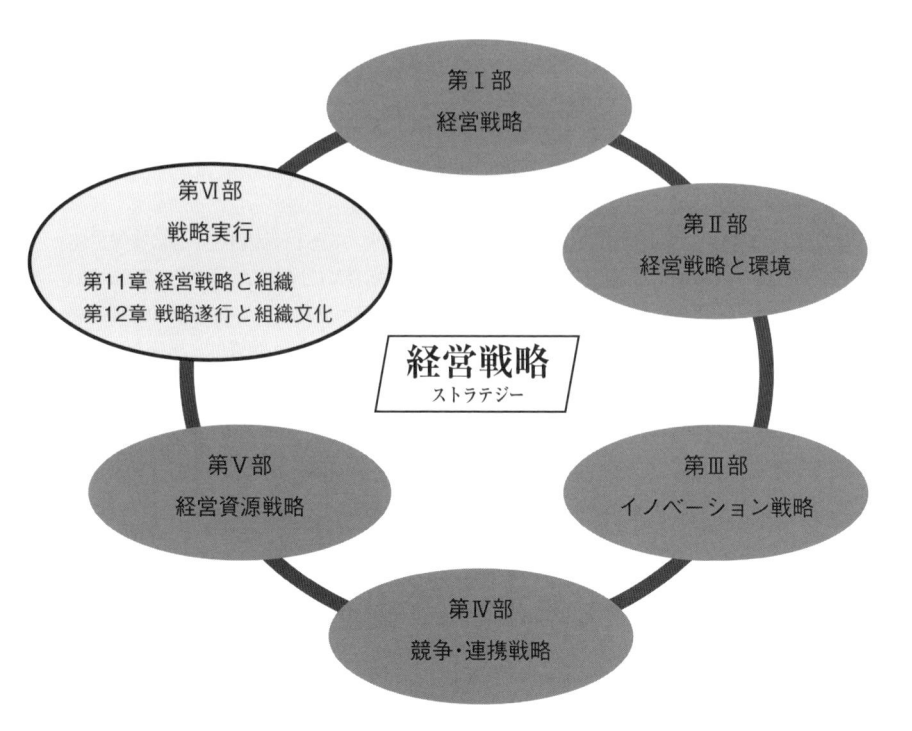

第Ⅵ部
戦略実行

- 第Ⅰ部 経営戦略
- 第Ⅱ部 経営戦略と環境
- 第Ⅲ部 イノベーション戦略
- 第Ⅳ部 競争・連携戦略
- 第Ⅴ部 経営資源戦略
- 第Ⅵ部 戦略実行
  - 第11章 経営戦略と組織
  - 第12章 戦略遂行と組織文化

経営戦略
ストラテジー

第11章の要約

　企業経営において，戦略と組織は密接な関係にあるのはいうまでもない．本章では，まず従来の経営戦略の諸理論が戦略と組織との関係を二分法的に論じていることを示した．これは，はじめに戦略が策定され，次に戦略をもっとも効率的に実施できる組織が形成されてきたことを意味する．しかし，近年，戦略と組織の区別は明確ではなく，包括的に相互作用するものとしてとらえられている．そこで，戦略と組織の関係を相互浸透的にとらえて，組織の環境適応パターンを戦略とみる研究を検討した．それから，チャンドラーの「組織は戦略にしたがう」という命題をベースに戦略と組織の発展について概観し，戦略のあり方に応じた単純組織から多国籍企業のグローバルな構造にいたる組織構造の発展段階を確認した．グローバル化が進む中で，事業軸と地域軸の両方のバランスを保つよう設計されたグローバル・マトリクス組織が注目された．さらには，戦略の変化に伴って組織構造のみならず，組織過程や管理システムなども変えなければならないことが明らかであった．それゆえ，組織が環境適応するために機能せねばならない7つの要素が，共通の価値観を中心に複雑に絡み合った相互依存的関係にある7Sモデルをもとに，組織変革に関する考え方の変遷についてふれた．最後に，組織が根本的に変われない8つの問題点に対応して8段階の過程を経て遂行される戦略的に組織を変革するモデルについて考察している．組織は，出来上がった構造に拘束されながらも，創発的に自ら再組織化していくことになる．

第11章　経営戦略と組織

1. 戦略と組織の二分法

　経営戦略と組織は，きわめて密接な関係にある．従来，戦略と組織との関係は，チャンドラー（Chandler, A. D., Jr.）の「組織は戦略にしたがう」という命題が示すように二分法で考えられてきた．これは，はじめに戦略が策定され，つぎに戦略をもっとも効率的に実施できる組織が形成されるという戦略と組織の適合関係を述べている．それゆえ，この命題は，戦略の策定と実施が明確に区別されることを意味していることになる．戦略の策定は，トップの仕事であり，そのトップの指揮のもと戦略は実施されるのである．

　チャンドラーは，アメリカ企業の歴史的研究に基づいた分析から，企業が多角化戦略をとると，従来の職能部門制組織から分権的事業部制組織への移行が必要であると主張したのである．

　また，アンドリュース（Andrews, K.）は，戦略策定と戦略実施という2段階をとっている．戦略策定は，①環境における機会と脅威の分析，②自社の内部資源の強みと弱みの把握，③自社の社会的役割，および，④経営者の価値観から成り立っている．戦略実施は，①組織構造，②組織プロセスと行動，および，③トップのリーダーシップから成り立っている．このように，戦略実施を行う場が組織なのである．

　これらの要素が相互作用して，経営戦略というひとつの行動パターンが作り出されている．

　ルメルト（Rumelt, R. P.）は，アメリカ企業の多角化戦略の研究から高業績を上げている企業は事業部制組織を採用しているとする．企業が単一事業の場合には職能部門制組織を採用することが多く，多角化が進むにつれ事業部制組織に移行し，非関連型あるいはコングロマリット型の多角化にいたると持株会社になるのである．

　いずれも二分法により，環境変化によって新しい戦略が採用されると，さら

に新しい組織構造が構築されている．これらの見方は，考えてから行動する分析重視の分析的アプローチに基づく．経営戦略を企業の環境適応のための基本構図とみなし，これを実行していくのが組織であるという見方である．従来の経営戦略論は，一般に分析的アプローチが中心で，主に意図された戦略をもっとも効率的に実施できる組織構造が捜し求められてきたのである．組織構造は，形態の問題として論じられることが多かった．

しかし，近年戦略と組織との区別は明確でなく，組織の行動が糸を紡ぐように戦略をつくっているのではないかという主張がみられる．このような行動しながら考えるという側面を強調するプロセス論的アプローチに立てば，戦略というものは，一連の意思決定をかさねた結果で，さまざまな要因の相互作用から成り立っていることになる．したがって，組織とは組織構造だけの問題でなく，人びとの行動や組織過程が織りなす非常に躍動的なものであるといえよう．それゆえ，プロセス論的アプローチは，基本的に戦略と組織が適切な相互補完関係をもたなければならないという見方をすることになる．こうして，戦略と組織の相互浸透モデルが登場してくる．

2. 相互浸透モデル

戦略は，今日では一連の意思決定をかさねた結果の産物と考えられている．それゆえ，戦略を生み出すのは組織そのものであるといえる．そこから「戦略は組織にしたがう」という命題が現われることになる．戦略と組織の関係は，相互に依存していて，どちらが先でどちらが後という問題ではない．したがって，この関係は戦略と組織という二分法的ではなく，両者をもっと包括的で相互作用するものとしてとらえられている．この戦略と組織との関係を相互浸透的にとらえようとする研究に，組織の環境適応パターンを戦略とみるマイルズとスノー（Miles, R. E. and C. C. Snow）の研究がある．

マイルズとスノーは，戦略と組織の2軸から組織の環境適応で有効な適応をしている組織には整合的なパターン（戦略）が存在し，それにはいくつかの類

型があることを明らかにしている．この適応パターンは，組織が環境に適応する過程で直面する企業者的問題（製品・市場領域の選択），技術的問題（生産と流通のための技術の選択），管理的問題（構造と過程の合理化および将来の革新のための分野選定）に対する組織の適応サイクルに一定の安定的な整合性が生み出されていることを意味している．

彼らが識別している有効な適応パターンは，① 防衛型（defender），② 探索型（prospector），③ 分析型（analyzer）の3つの類型であり，このほかに適応サイクルの間に整合的なパターンをもたない，④ 受身型（reactor）という類型が存在する．ここでは，戦略と組織構造に焦点をあてて，適応パターンについて述べることにする．

① 防衛型は，狭く安定した市場で限定された製品を，効率的に生産，流通するための職能的に専門化された職能部門制組織になる．

② 探索型は，広範な市場に積極的に進出する多角化戦略で，分権化された事業部制組織やプロジェクト組織も活用する．

③ 分析型は，防衛型と探索型の中間にあり，安定した市場と変化に富む市場をあわせもち，安定性と柔軟性のバランスを追求するマトリクス組織を求める．

④ 受身型は，経営者が戦略を明確にできなかったり，戦略を技術や組織と適切に結びつけられなかったり，特定の戦略や組織にこだわっている場合である．

3. 戦略と組織の発展

(1) 組織の発展経路

チャンドラーの「組織は戦略にしたがう」という命題にそった諸研究を基礎にして，ガルブレイス（Galbraith, J. R.）とナサンソン（Nathanson, D. A.）が経営戦略の変化とそれに伴う組織構造の変化との関係を提示している（図表11-1）．

第11章　経営戦略と組織

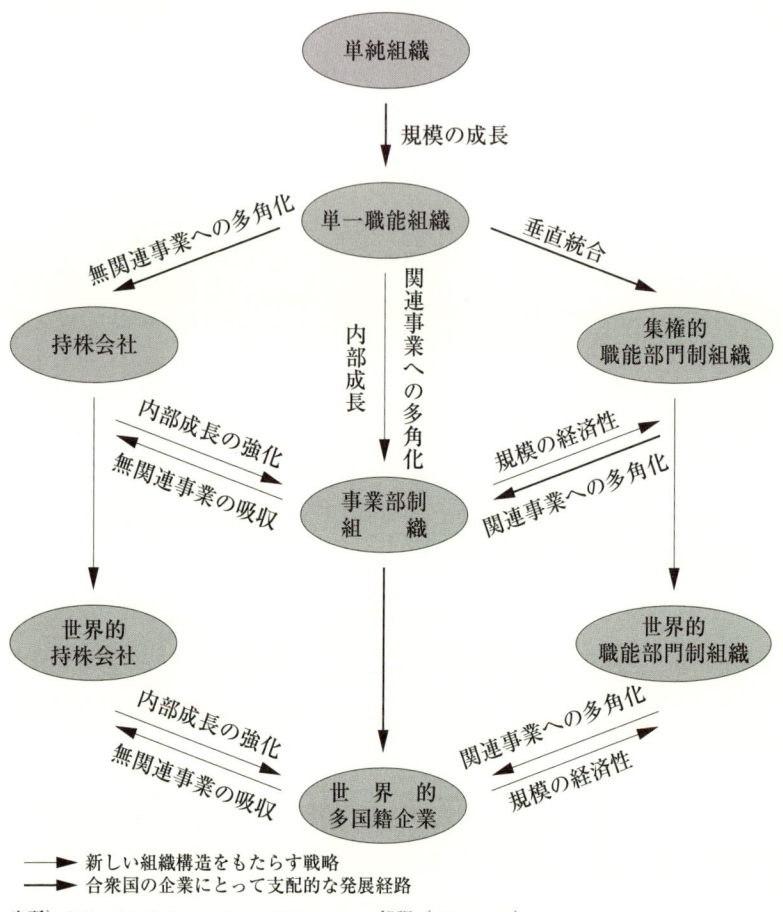

図表11－1　組織の発展経路

```
                        単純組織
                           │ 規模の成長
                           ▼
          ┌──── 単一職能組織 ────┐
   無関連事業への多角化   │           垂直統合
          │          関連事業への多角化        │
          ▼            内部成長              ▼
       持株会社           │            集権的職能部門制組織
          │              │                   ▲
   内部成長の強化 ◄─┐     │      規模の経済性  │
   無関連事業の吸収 ─┘     ▼      関連事業への多角化
                     事業部制組織
          ▼                               ▼
       世界的                          世界的
       持株会社                      職能部門制組織
          │                               │
   内部成長の強化 ◄─┐          関連事業への多角化
   無関連事業の吸収 ─┘          規模の経済性
                     ▼
                  世界的
                多国籍企業
```

──▶　新しい組織構造をもたらす戦略
──▶　合衆国の企業にとって支配的な発展経路

出所）Galbraith, J. R. and D. A. Nathanson, 邦訳（1989：129）

　この変化の出発点は，単純組織である．単純組織は，単一職能・単一製品ラインの単純な組織構造である．たとえば，単一の産業に所属し，1ヵ所の小さな工場で製造のみを行っている企業などを指す．

　最初の組織構造の変化は，単一の市場における販売量の拡大，すなわち量的拡大の成長戦略によって起こる．企業の規模が拡大すると必然的に分業が生じ，購買・生産・販売などに分化された職務を内包し，その調整を担当する管理階

層をもつ単一職能組織がつくられる．この組織構造からつぎの段階へは3つの発展経路がある．

① 既存の経営資源の活用において，供給や流通が重要な問題であれば，供給業者や販売業者を吸収するような垂直統合戦略が採用される．結果的に複数の職能別部門と本社をもつ，トップに権限が集中した集権的職能部門制組織が生じる．

② 別の組織では，自ら事業を開発・育成する内部成長と買収によって，製品ラインを多角化する戦略が採用されるかもしれない．関連事業への多角化戦略を追求すると，経営資源を能率的に管理するために事業部制組織が採用されるであろう．

③ 買収をとおして無関連事業へ多角化する戦略が追求されると，持株会社やコングロマリット（複合企業）の形態をとるであろう．

つぎの段階では，GM（ゼネラル・モーターズ）のように，買収したさまざまな会社の統合を行い，事業の関連性を利用して内部成長へと転換し，経営資源の管理をより能率的に行おうと持株会社から事業部制組織へと移行することがある．

また，デュポンのように，多角化した諸事業がもたらす多様性を職能部門制組織では管理できなくなったことから，事業部制組織へと移行することがある．

このほかにも，関連性のある製品ライン間に標準化を導入し，規模の経済性を利用しようとする戦略をとる場合に，事業部制組織が，集権的な職能部門制組織に移行することがある．

また，事業部制組織が企業成長を志向したM&Aのような外部成長を追求し，無関連な事業へと多角化する場合で，新しく買収した事業が既存の組織構造に統合できないときに，持株会社へ移行することがある．

(2) 国際化と組織の段階的発展

さらに，国際的な戦略が追求されると，グローバルな構造にいたることにな

る．つまり，企業が国際化して，輸出から直接投資による海外での現地生産や販売へと事業を展開していく戦略をとると，それに対応した組織が必要になってくるのである．

ストップフォードとウエルズ（Stopford, J. M. and L. T. Wells, Jr.）は，チャンドラーの「組織は戦略にしたがう」という命題をアメリカの多国籍企業に適用して，国際化戦略に伴う組織の発展を3つの段階に分類している（図表11－2）．

第1局面は，自立的海外子会社が設立される段階である．海外活動の初期段階で，海外子会社に対する投資規模は小さく，現地での活動の管理は海外子会社に任され，財務的関係（配当の本国送金）以外には自立性を与えられ，本国からの統制をあまり受けない段階である．

第2局面は，国際事業部が設置される段階である．海外活動の拡大に伴って子会社が多くなると，全体の海外活動を調整するために本社に国際事業部が形成される．ストップフォードとウエルズの調査では，60％以上の企業が海外に子会社5社をもつまでに，国際事業部を設立している．この組織の構造は，基本的に国内部門に国際事業部が付置されたものとなる．国際事業部は，国内

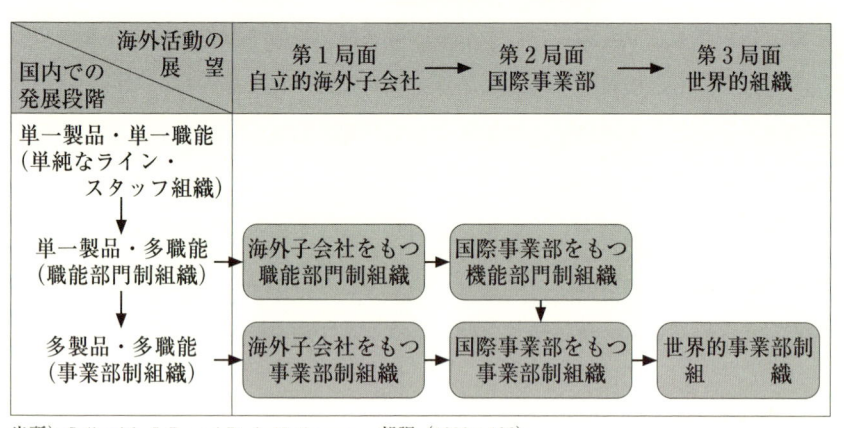

図表11－2　国際化戦略と組織構造

国内での発展段階 \ 海外活動の展望	第1局面 自立的海外子会社	第2局面 国際事業部	第3局面 世界的組織
単一製品・単一職能（単純なライン・スタッフ組織）			
単一製品・多職能（職能部門制組織）	海外子会社をもつ職能部門制組織	国際事業部をもつ機能部門制組織	
多製品・多職能（事業部制組織）	海外子会社をもつ事業部制組織	国際事業部をもつ事業部制組織	世界的事業部制組織

出所）Galbraith, J. R. and D. A. Nathanson, 邦訳（1989：186）

事業から切り離されているので，国内のための戦略計画にはしたがわないが，海外子会社の競争力の維持のために，国内の製品事業部から製造技術・技術開発・製品設計などについて支援を受ける．海外事業の規模が一層大きくなると，やがて国際事業部では対応しきれなくなり解体され，別の新しい組織構造が必要になってくる．

　第3局面は，グローバル組織の展開である．トップ・マネジメントが，国内事業と海外事業の区別なく，グローバルに全社的利益を考慮し，国内活動と海外活動の統合・調整のために戦略計画を立案し実行する場合に，グローバル組織は生じる．

　ストップフォードとウエルズは，海外での多角化率と海外売上高比率によって組織構造が決定されるとした（図表11－3）．海外多角化比率が低く海外売上高比率が高い場合には，①グローバル地域別事業部制が採用される．海外

図表11－3　海外売上高比率，海外製品多角化率と組織構造

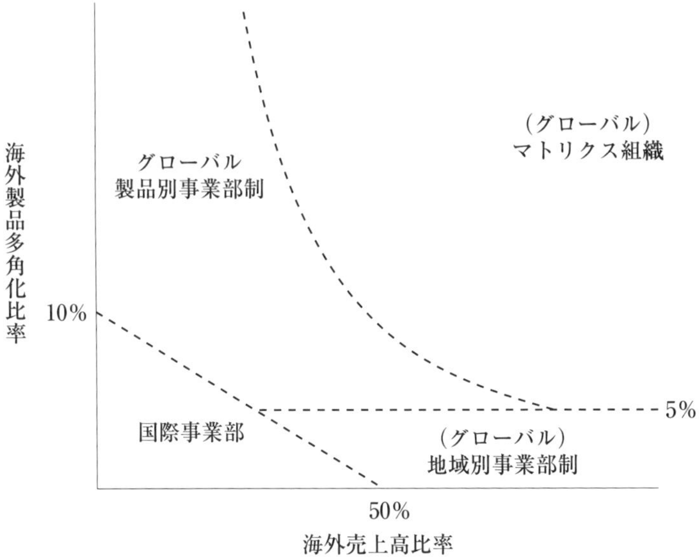

海外製品多角化比率

- グローバル製品別事業部制
- （グローバル）マトリクス組織
- 10%
- 国際事業部
- （グローバル）地域別事業部制
- 5%
- 50%

海外売上高比率

出所）Galbraith, J. R. and D. A. Nathanson, 邦訳（1989：148）に加筆修正

での多角化比率が高く海外売上高比率が低い場合には，② グローバル製品別事業部制が採用される．海外での多角化比率が高く海外売上高比率が高い場合には，③ グローバル・マトリクス組織が採用されるというのである．

　①　グローバル地域別事業部制は，グローバルな視点から事業活動を北米，欧州，アジアなどの地域別に分割し，責任を負う地域担当責任者を配置する組織である．この場合，本国市場も世界市場のたんなるひとつの市場にすぎないことになり，国内と海外という区別はなくなる．

　この組織は，製品ラインの数が少なく多角化が進んでいない専業型組織で，地域によって事業環境が大きく異なる事業に適し，石油・薬品等の企業に採用されている．

　この組織は，地域内の要求や機会を重視する，地域に密着した現地適応化に重点をおいた戦略にしたがって形成されることになる．

　この組織の長所は，地域ごとの環境の異質性に適応した事業展開を行いやすい分権的構造にある．しかし，その反面，この組織のおもな欠点は，製品ラインが多角化している場合に，地域事業部間において多様な製品ラインの調整が困難であり，技術や生産工程を改善するさいには世界規模での共有化が困難なことである．

　②　グローバル製品別事業部制は，グローバルに製品ラインごとに事業部を形成し，その事業部単位に担当製品について国内および海外の事業活動を一元的に管理し，利益責任を負う組織である．

　この組織は，高度な技術を必要とし，製品ラインが多角化している企業が，グローバル市場で競争を展開する場合に適している．

　この組織は，グローバルに経営資源を蓄積し配分することで効率性を追求する戦略にしたがって形成されることになる．

　この組織の長所は，グローバルな効率性に重点をおき，グローバルに分散化した諸活動を統合するために集権化がはかられるので，事業に関する情報が一元的に伝達され，海外への技術移転に適している．また，事業部は，グローバ

ルな視野にたって，国内のみならず海外を含んだ最適なロジスティックスを形成できる．

　この組織の欠点は，各国や地域において製品事業部間の調整がむずかしいことである．国や地域内での統一的行動がとりにくく，資源の重複やロスが大きくなりがちである．

　③　グローバル・マトリクス組織は，企業が多くの地域や国で多様な製品をもって多くの事業を展開するのに，地域と製品の２つの観点から戦略を策定し，国際環境の変化による現地化と競争条件の変化によるグローバルな効率性という双方の要求を同時に充たすために考えだされた組織である．

　この組織は，地域別と製品別に２つの軸を基準にして，格子状に組織化されている場合が多い．

　この組織では，現地化が必要な場合には地域担当マネジャーが指揮をとり，国や地域を越えて活動を統合し効率性を高めようとする場合には，製品担当マネジャーが指揮をとる．このように，二元的命令系統により現地化とグローバルな効率性を同時に達成しようとした組織である．したがって，各国・地域の子会社は，地域担当マネジャーと製品担当マネジャーの双方から指令を受け，報告義務を負うことになる．

　この組織の欠点は，二元的命令系統による利害の対立などで混乱が生じやすく，その調整に多大な時間やコストを要するなどである．

　このグローバル・マトリクス構造をとる組織の代表的な企業としては，ヨーロッパ最大の重電メーカーであるABB（アセア・ブラウン・ボベリ）が挙げられる（図表11－4）．

　ABBでは，ヨコ軸に規模のメリットを追求する事業領域別にまとめた「発電プラント事業部門」「送変電・配電事業部門」「産業用機器・建設システム事業部門」「輸送用機器事業部門」をおき，タテ軸には地域密着志向の「欧州」「米州」「アジア・太平洋」という地域担当をおき，両方の軸の交差したところに5,000からなるプロフィット・センターを位置づけている．

図表11－4　ABBのグローバル・マトリックス組織

社長権CEO	ビジネス・セグメント担当と事業領域			
	発電プラント事業部門	送変電・配電事業部門	産業用機器・建設システム事業部門	輸送用機器事業部門
バーシー・バーネビク(52歳．スウェーデン人．アセア)	ヨーラン・ルンドベリー(53歳．スウェーデン人．アセア)	ヨーラン・リンダール(48歳．スウェーデン人．アセア)	スネ・カールソン(52歳．スウェーデン人．アセア)	カール・ワグナー(47歳．デンマーク人．アセア)

地域別担当					
欧　州　エバハード・ホン・カバー(55歳．ドイツ人・ブラウン・ボベリ)	①ガスタービン発電プラント ②火力発電プラント ③産業用発電プラント ④PFBC(加圧流動床発電プラント) ⑤水力発電プラント ⑥原子力発電プラント ⑦発電プラント制御 ⑧火力発電関連システム・サービス ⑨発電所建設 ⑩資源回収 ⑪大気汚染防止	①ケーブル ②配電用変圧器 ③高圧開閉装置 ④ネットワーク制御 ⑤電力システム ⑥電力用変圧器 ⑦中圧配電機器 ⑧送電線 ⑨エネルギー事業	①オートメーション・駆動装置 ②ロボット ③プロセス・エンジニアリング ④計測器装置 ⑤発動機 ⑥低圧配電機器 ⑦換気装置 ⑧冷却装置 ⑨過給器 ⑩塗装 ⑪設備据え付け ⑫建築サービス など18事業領域	①機関車 ②客車・貨車 ③複合輸送車両・地下鉄 ④軽量鉄道車両 ⑤その他車両製造 ⑥鉄道敷設 ⑦顧客サービス ⑧信号システム	規模のメリットを追究
米　州　ロバート・ドノバン(52歳．米国人　米フォスター・ボイーラー)					
アジア・大平洋　アレクシスフリーズ(38歳．スイス人．ブラウン・ボベリ)					

地域密着志向 →

注：氏名は担当執行副社長，カッコ内の企業名は出身企業．このほかに財務，リース，保険などの事業を管轄する金融サービス事業部門がある．

出所）東北大学経営学グループ（1998：145）

ABBは，これまで多元的で柔軟な統合に重きをおく自律的なネットワーク組織を想定するトランスナショナル企業にもっとも近い企業と称されていた．しかし，1998年頃業績が悪化し，グローバル・マトリクス構造を解消するにいたっている．

(3) 多国籍企業組織の国際比較

アメリカ以外の国を本国とする多国籍企業の組織構造についての研究も進展した．

フランコ（Franko, L.）は，ヨーロッパの多国籍企業の組織構造を調査し，ヨーロッパの企業が，国際的持株会社／国内職能部門制組織（所有権をもつ国内の親会社は職能別に組織されている）という組織構造を採用していることを発見した．この組織は「マザー・ドーター組織」と名づけられ，職能責任者や海外子会社の社長が本国親会社の社長に直接報告するという人的統制構造になっている．

このマザー・ドーター組織では，親会社の経営陣の中から信頼できる同族を海外へ派遣して海外子会社の社長にすえることが多かった．海外子会社の社長が，配当期待を充たすかぎり，親会社から制約を受けないで広い自由裁量権をもつ点で，アメリカの企業の「自主的海外子会社」に似ている．

しかし，1970年代に入ると，EC（ヨーロッパ共同体）内の関税障壁撤廃等により国際競争が激化したため，ヨーロッパの多国籍企業はマザー・ドーター組織を廃止し，アメリカの企業のような国際事業部の設置を経ずに，グローバル組織へと移行していく．

したがって，ヨーロッパの企業の国際化戦略に伴う組織の発展は，マザー・ドーター組織の段階からグローバル組織への段階の2段階に分類できる．

日本企業の多国籍化においては，1960年代に現地生産を中心として海外進出し，海外に製造子会社を設置し，それを管理するために国際事業部がつくられた．海外子会社に対する本国からの統制が強く，アメリカ企業のような自立的海外子会社の段階はない．輸出比率の高い企業では，輸出を管理する輸出部とは別に海外子会社を管理する国際事業部がつくられ，輸出比率の低い企業では，国際事業部の中に輸出部がおかれ，輸出や現地生産などは国際事業部によって管理される．輸出比率の低い企業の国際事業部は，アメリカの国際事業部に類似した組織構造になっている．

日本企業でも，海外での活動が軌道にのってくると，グローバル組織へと移行しているが，国際事業部を存続させている企業が依然として多い．

また，1990年頃から，本国本社に集中されていた権限の一部を委譲して各国の子会社を地域別に統括する「地域統括本社」が現われている．地域統括本社とは，グローバル・マトリクス組織の一種である．製品別事業部制に地域統括本社制を併用した新しい組織である．地域内で効率的に調整・統合をするさい，地域統括本社は世界をヨーロッパ，北米，アジアなどいくつかの地域ごとにまとめ，本社と現地子会社を結ぶ拠点として機能することが期待されている．しかし，地域統括本社が，実際にどのような役割を果たすかはまだ模索段階にある．

このように，戦略に伴って組織構造は発展して，形態を変えていく．ガルブレイスとナサンソンは，さらにチャンドラーの命題に多次元の諸要因を加えて検討している（図表11-5）．たとえば，海外事業への資源配分の際に用いられる業績評価基準は，海外子会社のおかれた国や地域に対応してROI（投資収益率）やマーケット・シェアなど多元的になる．キャリアにおいても，グローバルタイプになると国際性もスキルとして重要になり，国際業務の経験を積むための経路が必要になってくる．リーダーシップとコントロールのあり方では，オペレーションに関しては次第に権限委譲が進み，戦略的意思決定は変質している．

これらのことから，戦略が変化すれば，それにしたがって組織構造のみならず，組織過程や管理システムといったものもその特性を変えなければならないことが明らかである．

組織は発展するにつれて，その特性をすべて変えていくことになる．この特性が，すべて相互作用し合ってひとつの組織パターンを作り上げていくのである．それゆえ，新たなパターンへ変化するには，これらの要因すべての変革が必要となる．

図表11−5 5つの組織タイプとその特徴

特徴＼タイプ	単純組織 Ⓢ	職能部門制 Ⓕ	持株会社 Ⓗ	事業部制 Ⓜ	世界的 Ⓖ
戦略	単一製品	単一製品と垂直統合	無関連事業の吸収	関連のある製品ラインへの多角化，内部成長	多国籍への多製品
単位間および市場の関連性	（図）	（図）	（図）	（図）	（図）
組織構造	単純な職能制	集権的職能制	製品事業部についての利益センター，小規模な本社	分権的な製品（地域）事業部の利益センター	世界的な製品（地域）事業部の分権的利益センター
研究開発(R&D)	制度化されていないランダムな探索	製品・プロセスの改良について制度化	新製品・製品改良への探索が制度化，事業部に分権化	左に同じ．ただし集権的指針	左に同じ．ただし専門的知識のまわりに集権化・分権化
業績測定	人格的接触，主観的	生産性，コストについて非人格的評価．なお主観的	投資収益，収益性に基づく非人格的評価	左に同じ．ただし全体に対する貢献の主観的評価	非人格的，製品別，国別の投資収益，利潤などの多様な目標
報酬	忠誠心に基づく，非体系的，温情主義的	生産性，生産量という成果との結びつき	投資収益，収益性に基づく，定式的ボーナス，株式報酬	利潤に基づくボーナス，左より主観的．現金報酬	多様な目標に基づくボーナス，より裁量的，現金報酬
キャリア	単一職能のスペシャリスト	職能スペシャリスト，若干のゼネラリスト的傾向，職能間の移動	職能間のキャリア，ただし事業部内	職能間，事業部門，および本社─事業部門間の異動	事業部門，子会社，子会社／本社間の異動
リーダーのスタイルと統制	トップが業務決定，戦略決定を人格的に統制	トップが業務決定，計画および手続きを通じて業務的決定を一部委譲	事業部内の戦略的・業務的決定を殆んど委譲，結果，経営者の選抜，資金割当による間接的統制	結果による間接的統制を通じて業務を委譲，既存の事業内で戦略の一部を委譲	計画，結果に基づく間接的統制を通じて業務を委譲，ある国，および既存の事業内で戦略の一部を委譲，ある種の政治的譲歩
戦略的選択	所有者の要求 vs. 企業の要求	統合の程度，市場占有率，製品ラインの広さ	多角化の程度，事業のタイプ，吸収目標，事業への参入と退出	事業ごとの資金配分，事業への参入・退出，成長率	事業・国による資源配分，事業・国への参入・退出，所有権および国家の介入程度

出所）Galbraith, J. R. and D. A. Nathanson, 邦訳（1989：142）

第11章　経営戦略と組織

4.　「7Sモデル」

　マッキンゼー・グループは，企業の優越性がどこから生まれるのか，を調査する中で，これまで重視されてきた組織の構造（structure），戦略（strategy），システム（system）というハードSとよばれる要素だけでなく，スタイル（style），スキル（skill），人材（staff），共通の価値観（shared value）といったソフトSとよばれる要素が企業の優越性に大きな影響を与えていることを発見した．

　このマッキンゼー・グループの7Sモデルは，組織には7つの構成要素があり，それらが共通の価値観を中心に複雑に絡み合った相互依存的関係になっていることを図式化している（図表11-6）．この7Sの各要素の着目点についてふれておく．組織の構造とは職務の分担，権限関係などの職務の相互関係を形式的に表した企業の組織化のあり様をいい，戦略とは企業の構想を実現するための指針であり，システムとはどのように業務を処理するかを示した情報伝達とコントロールのあり方である．また，スタイルは重要人物が組織の目標を達成するやり方であり，スキルは個人および組織レベルでもつ企業として特異な能力をいい，人材は組織内の人間で組織構成員の人事を調べればわかる．共通の価値観とは，組織の目標との関わりで構成員に共有されている行動指針である．

　ここでは，この7Sモデルをもとに，組織変革に関する考え方の変遷について述べることにする．まず構造だけが組織であるという前提に立ち，7Sの相互関係はなく，構造だけを変えることで組織を変革しようとする伝統的タイプから，構造は戦略やシステムといったハードSと相互依存関係にあることを前提にした組織の変革タイプへ変化したのである．たとえば，「組織構造は戦略にしたがう」という命題や「戦略は組織構造にしたがう」という命題を含んだモデルがそれである．

　さらには，構造が戦略やシステムといったハードSだけを重視するのでは

図表 11-6 マッキンゼーの 7 つの S

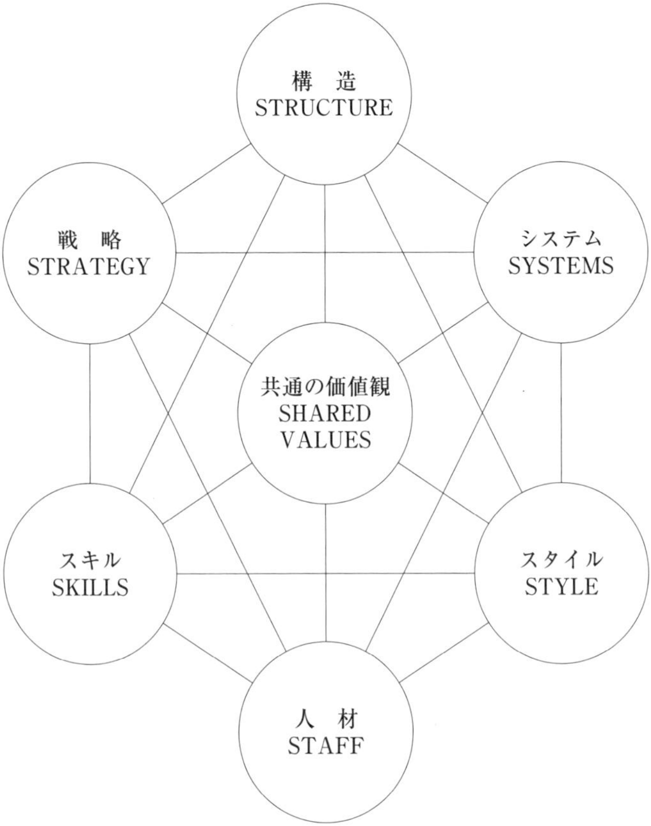

```
          構　造
          STRUCTURE

  戦　略              システム
  STRATEGY           SYSTEMS

          共通の価値観
          SHARED
          VALUES

  スキル              スタイル
  SKILLS             STYLE

          人　材
          STAFF
```

出所）Peters, T. J. and R. H. Waterman, Jr., 邦訳（1983：41）

なく，スタイル，スキル，人材といったソフトSも重視し，7Sが複雑に絡み合った相互依存関係にあり，また中心に位置する共通の価値観が，中核要素として重要な役割を果たしていることを強調したモデルが現在では支配的になっている．

5. 戦略的組織変革モデル

これまでにも戦略的な組織の変革がさまざまな形で遂行されてきたが，なぜ

失敗に終わり組織は根本的に変われないのかについてコッター（Kotter, J. P.）は，つぎの8つの問題点を挙げている．

それは，① 現状満足を容認すること，② 変革を推進するためのチームを生み出せないこと，③ 将来に向けてのビジョンの重要性を過小評価すること，④ ビジョンをメンバーに十分にコミュニケートしないこと，⑤ 新しいビジョンに立ちはだかる障害の発生を許してしまうこと，⑥ 短期の成果をあげることを怠ること，⑦ あまりに性急に変革の成功を宣言してしまうこと，⑧ 変革を企業文化にしっかりと定着させることを怠ることである．

これらにそれぞれ対応すると，戦略的な組織の変革がつぎのような8段階の過程を経て遂行されることになる．

組織変革の第1段階は，危機感を植えつける段階である．市場や競争企業のリスクやチャンスを検討し変革が緊急に必要であると認識される．第2段階は，変革を推進するためのチームを築くことである．変革をリードするために十分なパワーをもったグループを生み出し，ひとつの変革チームとしての活動を促す．

第3段階は，変革を導くために新しいビジョンを形成し，このビジョンを実現するために戦略を立てることである．さらに，第4段階は，その新しいビジョンや戦略を社内に伝達するためにあらゆるコミュニケーション手段が活用されることである．自らが手本を示すことは，有効な手段である．

第5段階は，変革の行く手をはばむ障害を取り除き，変革にそぐわない組織の構造やシステムを変更していくことである．変革には今までに遂行されることがなかった新しい考え方，行動が求められる．こうした行動に自発的に取り組むよう多数の人たちを刺激する．第6段階は，短期的に目にみえる形で成果を生むような計画を立て，実際に成果をあげることである．そして，その短期的な成果に貢献した社員に報いる努力をする．第7段階は，築き上げられた成果に基づく信頼によって，変革ビジョンに適合しない構造，システム，制度のさらなる変革を行い，ビジョンに向けた包括的な変革過程をなしている．新た

なスタッフを雇用し訓練しながら変革過程を強化していく．

第8段階は，変革を企業文化に植え込み定着させることである．変革に向けての新しい方法や行動様式が組織の成功に結びつくように企業文化を形成することで変革過程を持続させていくことになる．

このように，組織の変革は，第1・2段階の変化の必要性認識の段階，第3・4段階の変革の導入段階，第5・6・7段階の変革の実施段階，第8段階のルーチン化段階からなっている．したがって，組織は出来上がったものと出来つつあるものと相互作用しているのである．それゆえ，組織は出来上がった構造に拘束されながらも，絶えず新しい戦略行動を繰り出して創発的に自ら再組織化していくことになる．

演・習・問・題

問1　経営戦略と組織の適合には分析的アプローチとプロセス論的アプローチの2つがあるが，それぞれについて説明しなさい．
問2　経営戦略の変化に伴って組織構造がどのように変化するか説明しなさい．
問3　「7Sモデル」について説明しなさい．

参考文献

Andrews, K. (1971) *The Concept of Corporate Strategy*, Dow-ones-Irwin.（山田一郎訳『経営戦略論』産業能率大学出版部，1976年）

Chandler, A. D. Jr. (1962) *Strategy and Structure*, The MIT Press.（三菱経済研究所訳『経営戦略と組織』実業之日本社，1967年）

Galbraith, J. R. and D. A. Nathanson (1978) *Strategy Implementation : The Role of Structure and Process*, Basic Books, West Publishing Co.（岸田民樹訳『経営戦略と組織デザイン』白桃書房，1989年）

Kotter, J. P. (1996) *Leading Change*, Harvard Business School Press.（梅津祐良訳『21世紀の経営リーダーシップ』日経BP出版センター，1997年）

Miles, R. E. and C. C. Snow (1978) *Organizational Strategy, Structure, and Process*, McGraw-Hill.（土屋守章ほか訳『戦略型経営』ダイヤモンド社，

1983年）

Peters, T. J. and R. H. Waterman, Jr.（1982）*In Search of Excellence*, Harper & Row.（大前研一訳『エクセレント・カンパニー』講談社，1983年）

Rumelt, R. P.（1974）*Strategy, Structure, and Economic Performance*, Harvard Business School Press.（鳥羽欽一郎ほか訳『多角化戦略と経済成果』東洋経済新報社，1977年）

Stopford, J. M. and L. T. Welles, Jr.（1972）*Managing The Multinational Enterprise*, Basic Books.（山崎清訳『多国籍企業の組織と所有政策』ダイヤモンド社，1976年）

藤芳誠一編（1999）『ビジュアル基本経営学』学文社

石井淳蔵・奥村昭博・加護野忠男・野中郁次郎（1996）『経営戦略論〔新版〕』有斐閣

岸田民樹（1985）『経営組織と環境適応』三嶺書房

茂垣広志（2001）『グローバル戦略経営』学文社

東北大学経営学グループ（1998）『ケースに学ぶ経営学』有斐閣

吉原英樹編（1992）『日本企業の国際経営』同文館

―――《推薦図書》―――

1. Galbraith, J. R. and D. A. Nathanson（1978）*Strategy Implementation: The Role of Structure and Process*, Basic Books, West Publishing Co.（岸田民樹訳『経営戦略と組織デザイン』白桃書房，1989年）
   コンティンジェンシー理論の立場から組織デザイン論を展開．

2. Kotter, J. P.（1996）*Leading Change*, Harvard Business School Press.（梅津祐良訳『21世紀の経営リーダーシップ』日経BP出版センター，1997年）
   21世紀を担うリーダーに必要な変革推進のための8段階を明示．

3. Miles, R. E. and C. C. Snow（1978）*Organizational Strategy, Structure, and Process*, McGraw-Hill.（土屋守章ほか訳『戦略型経営』ダイヤモンド社，1983年）
   組織の環境適応過程で経営者の戦略選択を取り入れたアプローチを提唱．

4. Peters, T. J. and R. H. Waterman, Jr.（1982）*In Search of Excellence*, Harper & Row.（大前研一訳『エクセレント・カンパニー』講談社，1983年）
   アメリカの優良企業の組織文化の特徴を分析し，成功の秘訣を提示．

5. Stopford, J. M. and L. T. Welles, Jr. (1972) *Managing The Multinational Enterprise*, Basic Books. (山崎清訳『多国籍企業の組織と所有政策』ダイヤモンド社, 1976年)

   多国籍企業の組織構造の発展段階を提示.

第12章の要約

　組織のメンバーに共有されている価値や信念を組織文化とするならば，リーダーによる理念や哲学とメンバーの価値や信念が一致している場合，組織文化が強い，と考える．リーダーの理念や哲学に基づいて戦略が策定されるが，文化が強ければ，メンバーによって戦略が解釈され，実行が円滑になされる．

　あくまで理念や哲学に基づいた戦略を徹底するならば別であるが（ビジョナリー・カンパニー），環境の変化に対応して戦略を転換した場合，強い組織文化は，抵抗を生むことがある．環境の変化がいちじるしい今日，変化に適応できる柔軟な組織文化が望まれている．

　本章では，組織文化の定義，構造，機能についてまず理解する．たまねぎのように文化にはレベルがある．外部者からわかるレベル，内部者しかわからないレベル，さらに内部者でさえわからないレベルである．文化の機能にも順機能と逆機能があることに注意されたい．文化の定義，構造，機能を踏まえて，環境―戦略―文化の関係について検討する．戦略の策定と実行が分離している（分析型戦略論）のではなく，統合している（プロセス型戦略論）のであるならば，リーダーによる哲学や理念だけではなく，メンバーの価値や信念もまた，戦略の策定と実行のすべてを左右することになる．戦略の転換を支援できるような変化に適応できる文化の中身について論じる．さらに，文化の内容だけではなく，文化を創造し，変革する装置として，コーポレート・アイデンティティをとりあげる．

　詳しく学びたい場合は，第 10 巻 企業文化（コーポレート・カルチャー）―経営理念と CSR を参照されたい．

第12章　戦略遂行と組織文化

1. 組織文化とは

(1) 定　義

　外国に留学をすると，言葉だけではなく，制度や習慣が違うことをいやでも体験する．さらに，その奥に考え方やふるまい方の違いがあることに気づく．考え方やふるまい方がわからないといらぬ摩擦を生んでしまうことさえある．これは転職や転校をしても同じである．国によって文化が違うように，組織によって文化が違う．

　組織の文化を構成する要素のひとつとしてあげられるのは，リーダーが語る哲学や理念である．リーダーが語る哲学や理念から制度や規則が生まれる．遠慮せず議論をぶつけようという理念があれば，役職でよばない規則が生まれるかもしれない．儀式や行事のおおもとをたどると，哲学や理念にいきつくこともある．理念や哲学にまつわる英雄のストーリーを先輩から聞くかもしれない．先輩の考え方やふるまい方に接して，哲学や理念を理解することもある．ロゴやシンボルカラーもちゃんとわけがあることを知るだろう．

　しかし，リーダーが語る哲学や理念を理解すれば，組織の文化がわかるわけではない．組織の文化はあくまでメンバーに共有され，メンバーの思考や行動がある特徴を示すものでなければならない．リーダーが語る哲学や理念はタテマエのものであり，メンバーがすべてを受け入れているとは限らない．

　組織文化について統一した見解があるわけではないが，「組織に共有されている価値や信念」といった定義がなされることが多い（狭義の定義）．すなわち，大切にすること，守るべきこと，してはならないこと，などである．こうしたものが，メンバーに共有されていけば，メンバーの考え方やふるまい方にパターンが生まれてくる．価値や信念から生まれる思考や行動の様式も一緒にして組織文化と考える研究者もいる（広義の定義）．価値や信念が原因であり，思考や行動の様式は結果であるが，原因と結果を結ぶ過程も組織文化に含むこ

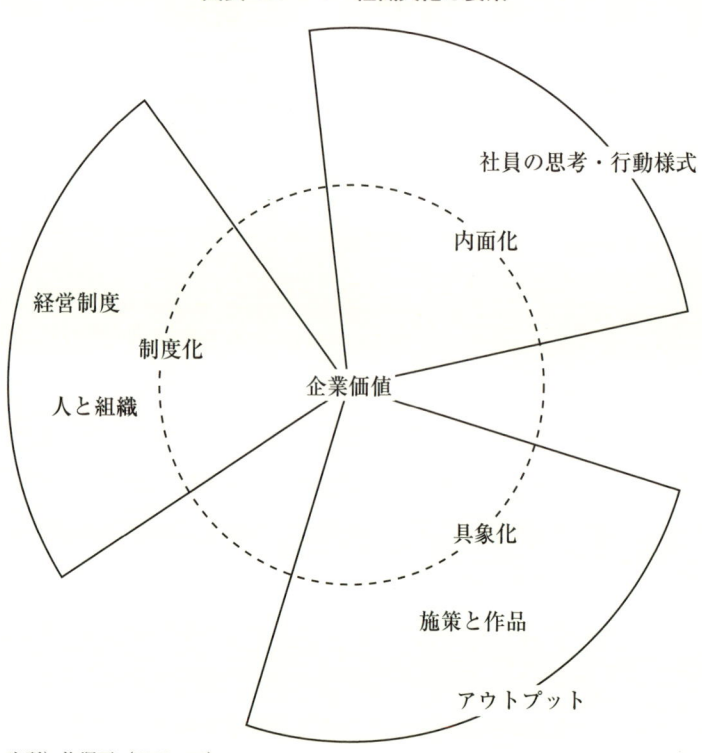

図表12-1　組織文化の要素

社員の思考・行動様式
内面化
経営制度
制度化
人と組織
企業価値
具象化
施策と作品
アウトプット

出所）梅澤正（2003：78）

ともある．すなわち，制度や規則，儀式や行事，英雄や神話，ロゴやシンボルカラーといったものも組織文化のカテゴリーに入るのである（最広義の定義）．ここでは，説明の便宜から狭義の定義を採用することとする．

(2) 構　造

　組織文化は，リーダーの哲学や理念から端を発するのかもしれない．リーダーの哲学や理念と共鳴するメンバーが集まって，組織が形成されるという点では，リーダーの哲学や理念が共有され，組織文化となるのだろう．しかし，組織が存続，成長していく中で，メンバーがさまざまな問題に直面し，これを

解決していくうちに，哲学や理念が試されていく．あるものは成功につながり，あるものは失敗につながる．成功につながれば，メンバーによって信奉されるようになる．失敗につながれば忘却されるであろう．もちろん，リーダーは制度や規則などによって，理念や哲学を浸透させようとする．理念や哲学はメンバーによって受け入れられるもの，受け入れられないものがあるものの，当たり前のものとして意識されなくなってくる．こうして，次第に価値や信念が組織のすみずみまで行き渡るのである．

われわれは普段，組織文化を意識することは少ない．転職や転校をしたばかりのときは，違いをはっきりと感じる．考え方やふるまい方を学び，自分のものとしていくことで，仲間から受け入れられる．考え方やふるまい方のもとになっている，価値や信念がわかってくる．価値や信念を参考にすれば，組織で起こるいろいろな問題を解決することができるのである．価値や信念を疑うことはなくなり，まわりの人びとと議論することもなくなる．だんだんと意識されなくなるのである．

ひとくちに組織文化といっても，いくつかレベルがあることが知られている(Schein, E. H., 1985)（図表 12 − 2 参照）．外部者からわかるレベル，内部者しかわからないレベル，さらに内部者もわからないレベルである．外部者からわかるレベルは，前述した制度や規則，儀式や行事，英雄や神話，ロゴやシンボルカラーなどである．外部者が組織文化を理解しようとすればここからアクセスすることになる．外部者からわかるレベルの組織文化をパズルのようにつなぎあわせていくと，内部者にしかわからないレベルがみえてくる．内部者しかわからないのは，価値や信念である．リーダーによって語られる哲学や理念がベースとなっている．哲学や理念が日々の活動の中で，取捨選択されて，価値や信念としてメンバーに根づいていく．生き残った価値や信念は，疑われることがなくなり，だんだんと意識されなくなる．改めて価値や信念についてとことん議論をしていくと，前提のようなものがあることに気づく．われわれが暗黙のうちに仮定している，人間の本質とは……といった類の問題である．マク

第12章　戦略遂行と組織文化

レガーのX理論・Y理論はまさに暗黙の仮定を掘り起こしたものである．暗黙の仮定はよほどのことがないかぎり，意識にのぼることはない．

　なんらかの理由で組織文化を変えたいとしても，組織文化をやすやすと変えることはできないだろう．哲学や理念，制度や規則が変わったとしても，組織

図表12−2　組織文化の構造

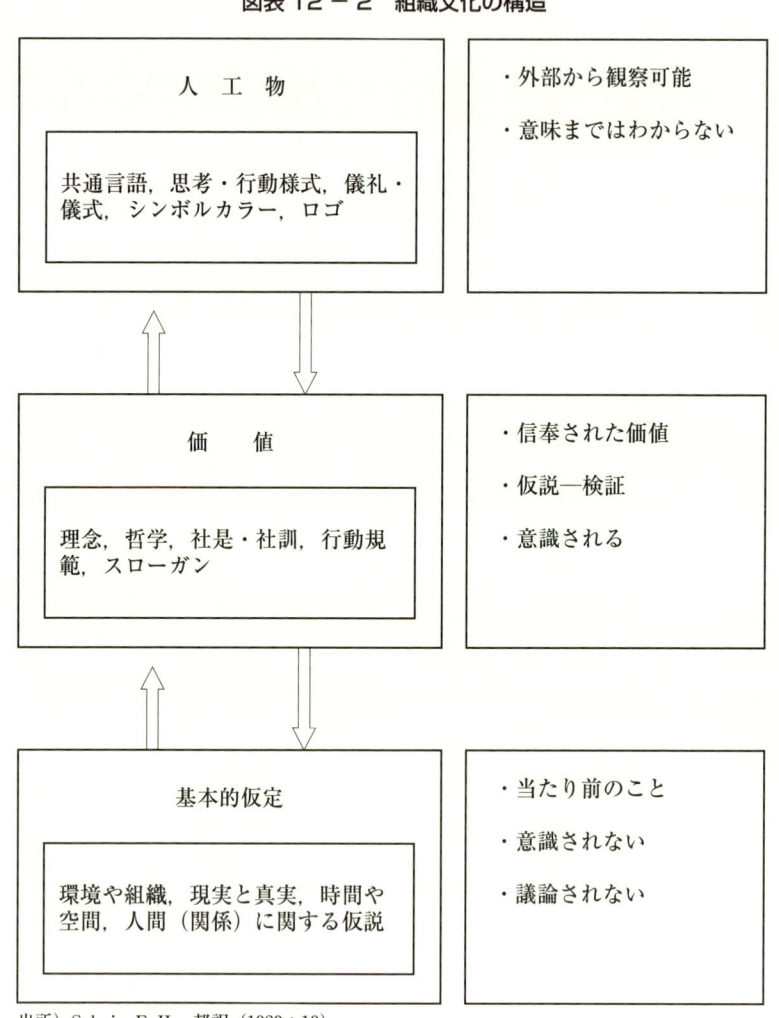

人工物	・外部から観察可能
共通言語，思考・行動様式，儀礼・儀式，シンボルカラー，ロゴ	・意味まではわからない

価値	・信奉された価値
理念，哲学，社是・社訓，行動規範，スローガン	・仮説―検証 ・意識される

基本的仮定	・当たり前のこと
環境や組織，現実と真実，時間や空間，人間（関係）に関する仮説	・意識されない ・議論されない

出所）Schein, E. H., 邦訳（1989：19）

文化は変わるだろうか．生き残ってきた価値や信念を捨てられるものではない．さらに，暗黙の仮定は，メンバーも気づかないのだから，変えようがない．価値や信念が暗黙の仮定に支えられているのだから，変えようというのが無理である．

(3) 機　能

　価値や信念は，メンバーの日々の意思決定において基準となる．問題を解決するうえで，価値や信念といったものは指針として機能するであろう．幾度となく問題解決の場面で指針され，成功を収めてきたがゆえに価値や信念として生き残っているのであるから，少なくとも当該の組織にとって有効な指針であることに間違いはない（あらゆる組織にとって有効かどうかは別問題である）．

　また，価値や信念から生まれる思考や行動の様式にのっとって動けば，いざこざは起こらない．思考や行動の様式が似通ってくれば，人びとに親しみが生まれる．チームワークがうまくいくようになる．いちいち説明しなくてもあうんの呼吸で，業務が進んでいく．逆に，思考や行動の様式が違う者は浮いてしまう（逸脱者）．

　しかし，文化の有する機能は，諸刃の刃となる．環境が変化した場合，組織はそれを認識しなければならない．しかし，価値や信念に凝り固まると，微妙な変化を見逃してしまうかもしれない．恐ろしいのは，価値や信念が間違っていないと疑わないことである．価値や信念が通じない状況を無視してしまうことがある．変化に気づいて，警笛を鳴らすものは，逸脱者として葬り去られてしまう．

　さらに，組織は環境の変化を認識するだけでは十分ではない．環境の変化にあわせて組織を変化させなければならない．前述したように文化を変えることはむずかしい．思考や行動の様式がしっかりしていればいるほど，変化を嫌う．

　組織文化が強ければ，順機能によって，目標の達成に向けて一致団結することができる．しかし，環境が変化するとき，逆機能がたちまち現われてくるだ

ろう．組織文化が弱ければ，順機能がうまくいかなくなる．組織文化が分裂して，対抗文化（カウンター・カルチャー）が生まれる危険も生じる．

2. 環境—戦略—文化

(1) 戦略と文化の関係

　戦略と文化の関係は二重である．戦略の中核をなすドメインの定義は，環境の予測と資源の分析からなされるものである．しかし，ドメインの定義にあたり，ミッションやビジョンが原点になっていることは否めない．存在意義や使命を抽象的に表すミッションおよび将来の構想や進むべき方向を具体的に示すビジョンは，哲学や理念の一部である．さらに，メンバーが心掛け，遵守すべき指針であるコードも哲学や理念の範疇に入るだろう．

　ユニクロというブランドで有名なファーストリテイリングの理念は，「いつでも，どこでも，だれでも着られる，ファッション性のある高品質なベイシックカジュアルを市場最低価格で継続的に提供する．そのためにローコスト経営に徹して，最短，最安で生産と販売を直結させる．自社に要望される顧客サービスを考え抜き，最高の顧客サービスを実現させる．世界水準の人が喜んで働ける環境を提供し，官僚的でなく，血のかよったチームとして革新的な仕事をする．結果として売上と収益の高い成長を目指し，世界的なカジュアル企業になる」（ファーストリテイリングのホームページより）というものである．

　すなわち，戦略の策定の前提となるミッションやビジョンは，リーダーが語る哲学や理念の一部であり，文化の一部なのである．しかし，文化は戦略の策定の前提となるだけではない．リーダーが語る哲学や理念は，価値や信念としてメンバーに浸透していくことで，戦略の実行という日々の活動において，メンバーの戦略に対する理解を容易にし，戦略にのっとった決定や行動を可能にする．

　デービス（Davis, S. M., 1984）は，組織文化を指導理念と日常理念に分けて戦略とのかかわりを論じている．デービスのいう指導理念とは哲学や理念であ

り，めったに変わるものではなく，「物事はどうあるべきか」を示すものである．対して日常理念は行動の規則や習慣であり，状況に応じて変わるものであり，「物事をどのように行うか」を示すものである．戦略との関係について指導理念は戦略策定の基礎となり，戦略実行に影響を与えるのが日常理念である．そして，指導理念は日常理念に文脈を提供し，日常理念に方向を示すものである．したがって，指導理念と日常理念が整合していれば，おのずと戦略は策定されたものがスムーズに実行されることになる．

逆に，指導理念と日常理念に乖離があるようならば，アンソフ（Ansoff, H. I.）が指摘するような，戦略の転換における変化への抵抗が生じるのである．デービスは，これを文化的リスクとよんでいる．

文化的リスクは戦略の重要度をタテ軸，文化との適合度をヨコ軸にしたマトリクスによって示される（図表12－3）．戦略の重要度，文化との適合度，ともに高・中・低のレベルを設け，戦略計画に基づくさまざまな活動をおいてみる．戦略の重要度が低く，文化の適合度が高いマトリクスを中心とした左下部分は無視できるリスクであり，戦略を実行する上で特別な配慮は必要ない．戦略の重要度と文化の適合度がともに中程度のマトリクスを中心とした真ん中の部分は管理可能なリスクである．この部分に入る活動は戦略と文化の間の摩擦に気をつけていればリスクは軽減でき，戦略の実行はスムーズに行われる．残った，戦略の重要度が高いにもかかわらず，文化の適合度が低い，右上の部分は，戦略か文化のいずれかに手を加えない限り，受け入れ難いリスクである．

文化的リスクを無視して戦略を策定したり，実行に移したりすれば，どんなに環境の変化を先取りした戦略であっても絵に描いた餅となってしまう．リーダーによって導かれる指導理念がメンバーが参考にする日常理念として組織の末端にまで浸透していなければ，戦略の実行は暗礁に乗り上げてしまうであろう．

（2）環境と文化の関係

組織を取り巻く環境が違えば，戦略も構造も文化も変わってくる．環境の変

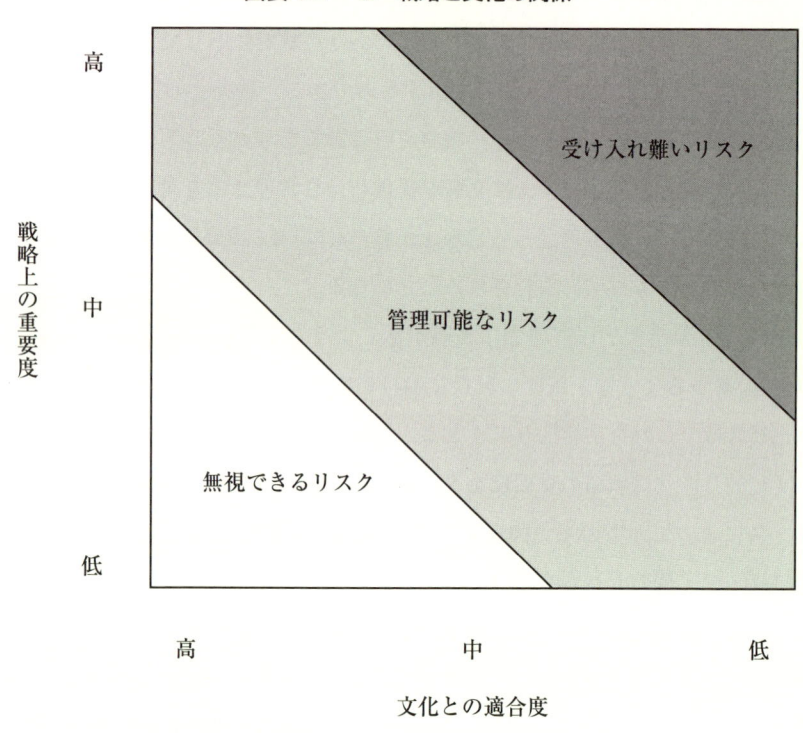

図表12－3　戦略と文化の関係

縦軸：戦略上の重要度（高・中・低）
横軸：文化との適合度（高・中・低）

- 受け入れ難いリスク
- 管理可能なリスク
- 無視できるリスク

出所）Davis, S. M., 邦訳（1985：23）

化に合わせて戦略を転換したとしても，構造や文化は簡単に変えられない．転換した戦略を実行できるかどうか，構造や文化が鍵を握ることになる．さらに，構造や文化が戦略の策定を左右する．戦略の実行だけではなく，戦略の策定も，構造や文化の問題があるとうまくいかない．現場の発見から戦略のタネが生まれ，リーダーによって立派な戦略に育てられるような土壌が作れるかどうか，といった問題である．

戦略と文化のミスマッチが致命的であることは，前述したとおりである．もちろん，環境と戦略はマッチさせなければならない．結果として環境と文化がマッチしなければならならい，ということになるが，戦略の実行だけではなく，

戦略の策定にも，文化が左右することを考えれば，プロセスとして環境と文化をマッチさせることが大切ではなかろうか．

環境および戦略の視点から文化の類型が考えられている（Daft, R. E., 2001）．環境のニーズ（変化が必要とされる環境か，変化の必要のない環境か）および戦略的集中（外部への適応を重視する戦略か，内部の統合を重視する戦略か）によって，変化適応／起業家的文化，ミッション重視文化，仲間的文化，官僚主義的文化が選択される（図表12－4）．

① 適応能力／起業家的文化：環境の変化がいちじるしく，柔軟かつ迅速に対応しようとする組織は，むしろ積極的に変化を生み出すことが期待される．権限が委譲され，裁量の余地が大きい．自分たちで考え，決めていく．ルールや手順を守ることは二の次である．危険を引き受けて，果敢に挑戦することが

図表12－4　環境と文化の関係

環境のニーズ

	柔軟性	安定性
戦略的集中　外部志向	適応能力／起業家的文化	ミッション重視文化
戦略的集中　外部志向	仲間的文化	官僚主義的文化

出所）Daft, R. E., 邦訳（2002：197）

奨励される．

　②　ミッション重視文化：環境の変化は緩やかであるが，外部とのやりとりが多い組織は，ミッションやビジョンが明確に示され，ブレークダウンされて各々の目標が決まる．とにかく目標を達成することが大切であり，目標を達成する手段についてはやかましいことはいわれない．目標を達成した者はボーナスなどによって大きく報いられる．

　③　仲間的文化：変化が激しい環境のもと，つぎからつぎへと商品を開発しようとメンバーを総動員しようとする組織は，メンバーが想像力をいかんなく発揮できるよう環境を整えようとする．

　④　官僚主義的文化：安定した環境のもと内部の統合して効率を高める組織は，目標を達成する手段が適切かどうかに関心が寄せられる．手続きやルールを守ることが至上となる．

(3) 適合から適応へ

　コッターとヘスケット（Kotter, J. P. and J. L. Heskett, 1992）による文化と業績の関係に関する研究において，強力な文化が必ずしも業績を上げるとは限らないことが明らかにされた．前述したように，強力な文化は環境の変化に脆弱だからである（逆機能）．さらに，戦略（あるいは環境）に適合した文化も，一時的には業績を上げるが，環境の変化に応じてうまく文化を変容することはむずかしく，不適合が生じて業績を下げてしまうという．

　ここから，環境に適合するのではなく，環境の変化に適応する文化という考え方が生まれる．コッターとヘスケットによる調査から，環境の変化に適応する文化の特徴は，①顧客，株主，従業員といったステークホルダーに貢献することを重視する，②変革を推進するリーダーシップが発揮されることを尊重する，③ステークホルダーのニーズに敏感に反応して戦略を作り出し，戦略のために変革をいとわないというものであった．

　反対に，環境の変化に適応できない文化とは，①外部志向ではなく，内部

志向であり，関わりのある商品や技術にしか関心をもたない，② 秩序やリスクの回避を重んじるいわゆる官僚主義，③ 政治的あるいは官僚的に振る舞ったり，変革の推進することに敵意を示したりする．

　コッターとヘスケットの言葉を借りれば，環境の変化に適応できない文化はマットレスかソファにたとえられるという．すなわち，十分な力が加えられると形を変えるのではあるが，力を加えられなくなると途端に元の形に戻ってしまう．リーダーは，制度や規則，儀式や行事，英雄や神話などによって，思考や行動の様式を変えることに成功したと思うが，甘くはない．思考や行動の様式は頑丈であるから，生き残り，反撃の機会を伺っているのである．

　したがって，抵抗勢力による文化を元に戻そうとするエネルギーを抑えるために，さらに取りこぼしがないように全体を変えるために，最高経営者層によるリーダーシップの発揮が求められ，ビジョンや戦略の転換を推進する．ビジョンや戦略を実行するような中間管理者層にもリーダーシップを発揮できるよう支援がなされ，商品のヒットといった成果を上げることで，ビジョンや戦略を支える，環境の変化に適応できる文化が浸透していく．環境の変化に適応できる文化を維持するためには，中核をなす価値や信念については，徹底して守ることである．矛盾したものは一切許さない．逆に中核をなさない価値や信念については，柔軟にする．これはビジョナリー・カンパニーでも指摘されていることである．そして，メンバーが傲慢にならないように気をつけながら，誇りを感じさせるようにする．あくまでもステークホルダーからの声に耳を傾ける姿勢を崩してはならないのである．

3. コーポレート・アイデンティティ

　環境に合致した文化の弱点は，文化の変革が容易でないことである．順機能によって，文化は組織に安定をもたらすが，変化となると，逆機能が現われてしまう．追い風がとたんに向かい風になってしまう．成功を支えてきた文化であるほど，メンバーに染みわたって，深く根づいているため，簡単には変えら

れない．リーダーが変革を訴えても，メンバーに響かない．タテマエだけつきあうことにもなりかねない．

　コッターとヘスケットは，文化を変革しようとするよりも，変革ができる文化をつくろうとした．環境の変化に適応できる文化を維持することはむずかしい．変化のときもあれば，安定のときもある．いつのまにか変化に適応できる文化が，変化に適応できない文化へと変わってしまうことが文化の恐ろしさである．やはり，文化を変革する方法も追求されなければならない．

　文化を変革する方法として導入されるものに，コーポレート・アイデンティティがある．アイデンティティとは，心理学の世界で自我同一性とよばれているものである．一般的に，アイデンティティとは，自分は何者であるか，という問いかけに対する答えである．自分が自分であるための証拠といった使われ方もする．

　もともとコーポレート・アイデンティティは，アメリカにおいて広告・宣伝活動の一環として生まれたものである．ロゴ，シンボルカラー，パンフレット，ラッピングなどありとあらゆるデザインをコンセプトのもとに統一することで，コーポレート・イメージを確立することを目的としていた．イメージをしっかりマネジメントすることで，認知度を上げようとするものである．日本に導入されたばかりのコーポレート・アイデンティティも，スーパー・マーケットや百貨店がイメージの確立と刷新を狙ったものであった．

　デザインを統一するうえで必要不可欠なコンセプトづくりで，コンサルタントは，リーダーたちと理念や哲学を議論することになる．リーダーたちは，組織が誕生した頃を思い出すとともに，試行錯誤を繰り返しながら成長してきた軌跡を改めて辿るうちに，理念や哲学が再確認され，場合によっては再構築にとりかかる，という作業もコーポレート・アイデンティティに入ってきた．存在意義（ミッション），経営方針（ビジョン）あるいは，事業領域（ドメイン）も検討されるようになった．哲学や理念の見直しまで含むようになり，コーポレート・アイデンティティは，組織文化との関わりが意識されるようになった．

文化の中核をなす理念や哲学を手掛けるコーポレート・アイデンティティについて，思わぬ効果があることが調査の結果明らかになる．コーポレート・イメージがはっきりすることで，世間からの注目を浴びるようになり，装いも新たになることもあって，コーポレート・アイデンティティは，メンバーのモラルに好影響を及ぼすことがわかってきたのである．さらに，哲学や理念の再構築に続いて，メンバーが守るべき規範についても検討されるようになり，総じてコーポレート・アイデンティティによるメンバーの意識改革がクローズアップされるようになったのである．小集団活動（社内運動）を通じて，メンバー自身によって，哲学や理念をブレークダウンし，守るべき規範を制定するケースが多かった．リーダーによる哲学や理念やメンバーの意識改革まで射程に入れたコーポレート・アイデンティティは，文化を変革する方法として，経営者が交代する，戦略を転換する，官僚主義から脱する，民営化するなどの局面で導入されるようになった．

　こうして，コーポレート・アイデンティティは，①イメージの確立と刷新（ビジュアル・アイデンティティ），②哲学や理念の見直し（マインド・アイデンティティ），③メンバーの意識改革（ビヘイビア・アイデンティティ）のまさに三位一体の活動として認識されるようになったのである．

　前述した，外部者からわかるロゴやシンボルカラーのレベルを扱うのが，①のビジュアル・アイデンティティである．内部者しかわからない価値や信念のレベルを扱うのが，②のマインド・アイデンティティである．そして，内部者にもわからない，意識されない暗黙の前提を扱うのは，③のビヘイビア・アイデンティティである．

　むしろ，意識されない暗黙の前提について，三位一体になってはじめて扱えるものかもしれない．コーポレート・アイデンティティは，見える・聞こえる・話せる部分から次第に変化を起こして，見えない・聞こえない・話せない部分，すなわち，文化の本質を揺さぶることで，組織における文化の変革を可能にする方法と考えることができよう．

演・習・問・題

問1 身近な組織のホームページを参照して理念や哲学を学ぼう．
問2 戦略と文化の関係についてケースをあげて検討しなさい．
問3 シャインによる組織文化の構造とコーポレート・アイデンティティの関係を図にまとめて整理してみよう．

参考文献

Daft, R. E. (2001) *Essentials of Organization Theory & Design*, 2nd ed., South-Western College Publishing. (高木晴夫訳『組織の経営学―戦略と意思決定を支える』ダイヤモンド社，2002年)

Davis, S. M. (1984) *Managing Corporate Culture*, Harper & Row. (河野豊弘・浜田幸雄訳『企業文化の変革』ダイヤモンド社，1985年)

Kotter, J. P. and J. L. Heskett (1992) *Corporate Culture and Performance*, The Free Press. (梅津祐良訳『企業文化が高業績を生む』ダイヤモンド社，1994年)

Schein, E. H. (1985) *Organization Culture and Leadership*, Jossey Bass. (清水紀彦・浜田幸雄訳『組織文化とリーダーシップ』ダイヤモンド社，1989年)

ファーストリテイリング http://www.uniqlo.co.jp/company/index.html

《推薦図書》

1. Schein, E. H. (1985) *Organization Culture and Leadership*, Jossey Bass. (清水紀彦・浜田幸雄訳『組織文化とリーダーシップ』ダイヤモンド社，1989年)
   組織文化の定義，構造，機能，生成と発展に真正面から取り組んだ名著．
2. 梅澤正 (2003) 『組織文化 経営文化 企業文化』同文舘
   経営にまつわるさまざまな文化を明確に区別，巻末に用語集．
3. 張虹・金雅美・吉村孝司・根本孝 (2004) 『テキスト企業文化』泉文堂
   企業文化を企業と文化に分解して解説するなどわかりやすさを追求．
4. Collins, J. C. and J. I. Porras (1994) *Built to Last : Successful Habits of Visionary Companies*, Curtis Broun Ltd. (山岡洋一訳『ビジョナリー・カンパニー―時代を超える生存の鉄則』日経BPビジネスセンター，1995年)

哲学や理念を頑なに変えず，方針や戦略を大胆に変える企業が時代を超える成長を実現する．

5. 高橋伸夫（1997）『組織文化の経営学』中央経済社

　　コーポレート・アイデンティティをはじめ組織文化の周辺を満遍なく扱う．

索　引

あ行

アウトソーシング　110
アソシエーション　106
RBV　10
RVB 理論　122
アンソニー, R. N.　32
アンソフ, H. I.　6, 33, 134, 177
アンドリュース, K.　151
アントレプレナー・スクール　12
暗黙知　128
一時的組織構造　77
5つの競争要因　9, 34, 89, 90
一般環境　54
イノベーション　71, 121
　　──・ジレンマ　80
　　──・マネジメント　73
ウィアセーマ, F.　99
ウイルソン, J. Q.　75
　　──のジレンマ　76
ウェーバー, M.　83
ウエルズ, L. T. Jr.　156
受身型　152
動きの戦争　124
エイベル　25, 26
エクセレントカンパニー　98, 126
SCP モデル　89
X 理論・Y 理論　174
M&A　33
MOT　82
エンバイロメント・スクール　13
OEM　114
オープン・システム　53

か行

海外売上高比率　157
海外間接投資　114
海外多角化比率　157
海外直接投資　114
カウンター・カルチャー　176
カオ, J.　73
学習する組織　76
価値　40
価値システム　94
価値提案　99
価値連鎖　40, 93
価値連鎖分析　94
合併・買収　108
カネのなる木　144
株式公開買付　109
カルチャー（組織文化）　131
カルチャー・スクール　13

ガルブレイス, J. R.　152
間接輸出　115
完全所有子会社　115
カンパニー制　31
管理的意思決定　7
官僚主義的文化　179
関連型　138
機会　40, 41, 57
機械的な官僚型組織構造　76
企業家　73
　　──精神　73
起業家的文化　179
企業戦略　32
企業の境界（経営環境）　53
企業の社会性　47
企業のミッション　18
技術環境　55
希少性　40, 123
機能別戦略　35
基本戦略　34
キャッシュフロー　140, 144
吸収合併　108
脅威　40, 41, 57
競合　9
競争の戦略　8
競争優位性　7, 10
競争優位の源泉　95
協定　105, 106
共同化　130
業務卓越　99
業務的意思決定　7
クリステンセン, C. M.　80
クローズド・システム　53
クロス・ライセンシング　112
グローバル製品別事業部制　157
グローバル戦略型経営　113
グローバル地域別事業部制　157
グローバル・マトリクス組織　158
経営管理制度　31
経営資源（リソース）　122
　　──の異質性　123
　　──の固着性　123
戦略と組織　6
経営戦略　3
経営文化　40
経営方針（ビジョン）　182
経営理念（ミッション, バリュー）　32
　　──と価値観　40
経験曲線　142
経験効果　142
経済環境　54
経済発展の理論　71

187

索引

形式知　128
ケイパビリティ　123, 124
契約設定　115
現地のナショナリズム　115
コア・コンピタンス　110, 119
コア・コンピタンス経営　119
ゴーイング・コンサーン　83
工程改善　142
合弁　105
合弁会社　115
顧客　9
顧客価値　120
顧客密着　99
国際持株会社　161
国内職能部門制組織　161
コグニティブ・スクール　12
コスト集中　96
コスト推進要因　97
コスト・ダウン　140
コスト・ビヘイビア　97
コスト・リーダーシップ戦略　9, 34, 46, 95, 96, 122
コッター, J.P.　166, 179
コーポレート・アイデンティティ　181, 182
ゴールデン・パラシュート　109
コングロマリット　110, 155
コンフィギュレーション・スクール　13

さ行

細分化（セグメンテーション）　96
サプライヤー　9
差別化集中　96
差別化戦略　9, 34, 95, 96, 122
事業戦略　34
事業転換戦略（リストラクチャリング）　139
事業の再構築　120
事業部型組織構造　77
事業部制組織　6, 155
事業領域（ドメイン）　4, 182
資金の流出　140
資金の流入　140
資源依存モデル　103
資源ベース戦略論　4, 10
自己資本利益率　138
自主的海外子会社　161
市場（戦略ターゲット）　95
市場成長率　142
市場占有率　8
自然環境　54
持続的技術　80
シナジー　7, 134
資本参加　115
社会環境　55
習熟効果　142
集中戦略　9, 34, 46, 95, 96, 122
シュンペーター, J.A.　71

ジョイント・ベンチャー　105, 112
小集団活動（社内運動）　183
商品のライフサイクル　141
将来像（ビジョン）　32, 35
所有者（出資者）　73
新規参入　9
人材　40
新設合併　108
衰退期　141
スカンク・ワーク　77
スキル　40
ストーカー, G.M.　75
ストーク, G.P.　124
ストップフォード, J.M.　156
スノー, C.C.　61, 152
SWOT分析　11, 41, 57, 95
生産シナジー　137
生産諸要素の新結合　71
政治環境　54
成熟期　140
成長期　140
成長ベクトル　7, 33, 134
製品・市場の範囲　134
製品・市場ミックス　7
製品リーダー　99
設備改良　142
専業型　138
戦術　35
専門的な官僚型組織構造　77
占有率（シェア）　135
戦略　40
戦略意図　63
戦略計画　63
戦略策定　151
戦略サファリ　3, 11
戦略事業単位　31, 143
戦略実施　151
戦略提携　111
戦略的意思決定　7
戦略的ポジショニング　9, 122
戦略的ポジション　9
戦略は組織構造にしたがう　164
戦略プランニング　46
創造的破壊　71
相対的市場占有率　143
創発戦略　63
組織　40
組織間関係　104
組織構造　40
組織は戦略にしたがう　152, 153
組織文化　171
組織の知識構造　128
存在意義（ミッション）　182

た行

対抗文化　176

代替物　9
対等合併　108
武内弘高　128
タスク環境　54
WTP　48
ダンカン, R. B.　55
探索型　61, 152
単純組織　153
単純な組織構造　76
団体　105, 106
地域総括本社　162
知識　128
知識創造企業理論　127
チャンドラー, A. D. Jr.　6, 151, 152
中期経営計画　36
長期取引関係　115
強み　40, 57
テイク・オーバー・ビッド　109
デービス, S. M.　176
デザイン・スクール　11
デファクト・スタンダード　103, 106
テンダー・オファー　109
提携　105, 106
統合　57
投資シナジー　137
導入期　140
特異性推進要因　98
毒薬条項　109
ドメイン　4, 21, 144
ドメイン・コンセンサス　27
トレーシー, M.　99
トンプソン, V. A.　75

な行

内面化　130
仲間の文化　179
ナサンソン, D. A.　153
7S　40
　──モデル　164
ナレッジ・マネジメント　129
年度計画　36
野中郁次郎　127

は行

破壊的イノベーション　80
破壊の技術　80
派遣　105
パックマン・ディフェンス　109
花形　144
バーニー, J. B　40, 123
ハメル, G.　119
バリュー　18, 123
　──・ステートメント　18
パワー・スクール　13
範囲の経済　136
バーンズ, T.　75

バンド・ワゴン効果　114
販売シナジー　137
非関連型　138
BCG　8
ビジュアル・アイデンティティ　183
ビジョナリー・カンパニー　5, 84, 126
PPM　8
ビヘイビア・アイデンティティ　183
表出化　130
標準化　141
VMI方式　98
不確実性　55
複合企業　155
複雑性　55
プラハラード, C. K.　119
フランコ, L.　161
フランチャイジング　115
ブランド　140
プランニング・スクール　12
VRIOフレームワーク　40, 123
プロセス・イノベーション　72
プロセス型経営戦略　45, 46
プロセス型戦略論　62
プロダクト・イノベーション　72
プロダクト・ポートフォリオ・マネジメント
　8, 33, 140, 143
分化　57
文化的リスク　177
分析型　61, 152
　──経営戦略　45
　──戦略論　62
ヘスケット, J. L.　179
PEST分析　40, 55, 92, 95
変革　121
変化適応　179
ポイズン・ピル　109
防衛型　61, 152
ポジショニング・スクール　12
ボストン・コンサルティング・グループ　8,
　33, 140, 141, 143
ポーター, M. E.　8, 34, 39, 40, 45, 90, 94
ホワイト・ナイト　109
本業型　138

ま行

マイルズ, R. E.　61, 152
マインド・アイデンティティ　183
マクレガー, D.　173
マクロ環境　89
負け犬　144
マーケティング近視眼　25
マーケットシェア　8
マザー・ドーター組織　161
マッキンゼー　40
　──・グループ　164
マネジメント・イノベーション　72

索　引

マネジメントシナジー　137
マネジメント・バイアウト　109
ミクロ環境　89
ミッション型組織構造　77
ミッション重視文化　179
ミッション・ステートメント　18
ミンツバーグ，H.　3, 11, 63, 76
持株会社　155
模倣可能性　40
模倣困難性　123
問題児　144

や行

山倉健嗣　106
誘導戦略　63

輸出　114

ら行

ライセンシング　115
ライフサイクル　8
ラーニング・スクール　12
リストラクチャリング　120
リソース・ベースト・ビュー　10
　──理論　122
ルメルト，R. P.　151
連結化　130

わ行

ワーナーフェルト，B.　124

編著者紹介

吉村　孝司（よしむら　こうじ）
1960年4月5日生まれ
明治大学専門職大学院会計専門職研究科教授
1989年明治大学大学院経営学研究科博士後期課程単位取得
博士（経営学）1994年
『企業イノベーション・マネジメント』中央経済社，1995年
『マネジメント・ベーシックス』(編著) 同文舘，2003年
『ビジョナリー経営学』(共著) 学文社，2003年
『テキスト企業文化』(共著) 泉文堂，2004年
『グローカル経営』(共著) 同文舘，2004年

マネジメント基本全集2　経営戦略（ストラテジー）
　　　　　　　　　　　　　　　企業戦略と競争戦略

2006年2月25日　第一版第一刷発行
2010年3月30日　第一版第二刷発行

編著者　吉　村　孝　司
監修者　根　本　　　孝
　　　　茂　垣　広　志
発行者　田　中　千津子

発行所　株式会社　学文社

〒153-0064　東京都目黒区下目黒3-6-1
　　　　　　電話(3715)1501代・振替00130-9-98842

（落丁・乱丁の場合は本社でお取替します）　・検印省略
（定価はカバーに表示してあります）　　印刷/新灯印刷株式会社
©2006 YOSHIMURA Koji Printed in Japan
ISBN978-4-7620-1487-1